チェンジ・リーダーの条件

みずから変化をつくりだせ!

P・F・ドラッカー 著

上田惇生 編訳

THE ESSENTIAL DRUCKER ON MANAGEMENT

BY PETER F. DRUCKER EDITED BY ATSUO UEDA

ダイヤモンド社

THE ESSENTIAL DRUCKER ON MANAGEMENT
by
Peter F. Drucker

Published by arrangement directly with the author
Through Tuttle-Mori Agency, Inc., Tokyo

日本の読者へ――一般教養としてのマネジメント

明日の日本について、一つ確かなことがある。それは、マネジメントの役割がさらに大きくなり、企業だけでなく大学や病院などあらゆる組織にとって、命運を決する鍵を握る存在になるということである。政府が行政指導によって、企業その他の組織を誘導する時代は終わった。同時に、グローバルな競争から産業や社会を守る時代も終わった。

政府の役割がなくなったわけではない。大きな仕事が目白押しである。通貨パニックを防ぐには、各国の財政当局、金融当局の協調が不可欠である。事実、一九九〇年代後半、東南アジアの通貨危機が、世界的パニックに拡大し大恐慌に陥るのを防いだのは、日本の大蔵省と日銀のイニシアティブによる各国の協調だった。

さらに政府の役割として、インターネット時代における知的財産権の定義と保護という仕事がある。これもまた、政府間の協力がなければできない。

しかし行政指導と市場保護という、第二次大戦後五〇年以上にわたって日本の政府が担ってきた二つの役割は、IT革命の時代には通用しない。行政指導は、情報が中央に集中して初めて力を発揮する。そのようなことはもうありえない。もちろん政府が輸入を制限することはできる。これからもそのようなことは起こるだろう。だが、インターネットの時代にあっては、長野に住む主婦が世界中のモノの値段を知ることができる。安くてよいものを買いたいという彼女の要求を抑えることはできない。

こうして政府による経済統制が効かなくなるとともに、個々の組織におけるマネジメントの役割が、ますます大きくなっていく。なぜならば、本書が明らかにしているように、情報を知識に転換し、その知識を行動に具体化することこそ、マネジメントの役割だからである。

そのうえ明日の日本において、労働人口のうち最大の層を占めるのは、肉体労働者ではない。知識労働者である。彼ら知識労働者は、肉体労働者とは違う種類の人たちであり、マネジメントに多くの新しい課題をもたらす。そもそも彼らは、かつてのような意味でマネジメントされる存在ではない。方向づけのみされる存在である。

こうなると、もはやマネジメントは専門的な技能ではない。本書でも明らかにしているように、一般教養になりつつある。一般教養とは、教育ある人間が、自らの役割を果たすために知っておかなければならないことである。明日の日本、あるいは明日の先進国において、マネジメントを理解せずに、教育ある人間の役割を果たすことはできない。あらゆる人間が、マネジメントとは何のことであり、その基盤となるものが何であるかを知らなければならない。それが前提とするもの、価値を置くもの、目標とするものが何であるかを理解しなければならない。

本書の目的は、マネジメントを学ぼうとする者、勤務医や開業医などマネジメント以外の分野の専門家、さらには、この知識社会に生きるあらゆる人たちに、これらのことを理解してもらうことである。

二〇〇〇年夏

カリフォルニア州クレアモントにて

ピーター・F・ドラッカー

はじめに

知識を行動に具体化する

これまでのものとはまったく違う種類の経済、すなわちニューエコノミーなるものが本当に登場したのか、登場したとしてもそれがどのようなものかは、まだわからない。だが、明らかなことが一つある。その経済と社会の中核に位置づけられるものは、マネジメントだということである。なぜなら、ニューエコノミーにとって、主たる資源は知識となるからである。すでにそうなっている。

情報を知識に転換し、知識を行動に具体化することこそ、マネジメントとマネジメントにたずさわる人たちに特有の役割である。土地、労働、資本といういわゆる経済学の三大資源に代わって、知識が主たる経済資源になったのも、マネジメントのおかげである。

ボスからリーダーの時代へ

いまから六〇年前の第二次大戦中、私が初めて関心をもったころ、マネジメントは、研究対象としても、体系としても確たる存在にはなっていなかった。当時マネジメントと言えば、本社の最上階に大きな個室をもつ人たちのことだった。もちろん、他にもマネジメントと呼ばれる人はいた。大むかしからいた。だがその数は少なく、詩人、画家、作曲家などと同じように、特別な才能と思われていた。しかし第一次大戦後、マネジメントの仕事をする人が増えてくると、改めて彼らを定義することが必要になった。一九五〇年代まで続くことになった最初の定義が、「地位と権力をもつ者」だった。マネジメントとは、「部下をもつ者」だった。

だが、その定義は間違っていた。事実、権力には責任が伴うという政治学の第一原則に反していた。この最初の定義づけから次の定義が現われるまでに二五年を要した。マネジメントとは、「部下の働きに責任をもつ者」という定義が現われた。しかし世界最大のメーカー、GM（ゼネラル・モータース）の組織構造、行動様式、経営方針、トップマネジメントのケーススタディという形で、マネジメントに関する最初の著作『会社という概念』（一九四六年）に取りかかったとき、私はこの定義も現実にそぐわないことに気づいた。以来数年間、私はこの問題を考え続けた。

こうして私が考えたマネジメントについての新しい定義、すなわち「知識を行動に具体化することに責任をもつ者」との定義から、私のマネジメント論『現代の経営』（原書名『マネジメントの実務』一九五四年）が生まれた。その新しい定義のゆえに、私は、それではマネジメントが具体化すべき知識とは何か、さらには、マネジメントとは何か、マネジメントをするということは何かについて、深く考えなければならなくなった。

したがって、マネジメントについての私の著作を抜粋した本書が、この『現代の経営』の引用から始まるのは当然である。なぜなら『現代の経営』が、マネジメントとは何であり、マネジメントは何を行うかについての基本的なコンセプトを変えたからである。それまでの定義は、マネジメントをボスと理解していた。これに対し、私が行った今日も広く受け入れられている新しい定義は、マネジメントをリーダーと見ていた。まさにこの定義こそ、本書の一貫したテーマである。

体系としてのマネジメント

『現代の経営』は、マネジメントを一つの専門分野、すなわち体系的に研究し、学び、教えることができるものとしてとらえた最初のものだった。それは今日、専門分野としてのマネジメントを確立した本として位置づけられている。その後、この分野をさらに発展させ、輪郭を明らかにし、体系化し、いっそうの研究を必要とする領域を示すことが、私のマネジメントに関する全著作の問題意識となった。それにもかかわらず、『現代の経営』の書名は、当時出版社が望んだ『マネジメントの体系 *The Discipline of Management*』ではなく、あえて『マネジメントの実務 *The Practice of Management*』とした。

すでに六〇年にわたって、大学でマネジメントを教える先生たちは、マネジメントが、科学か技能かをめぐって議論している。これこそ学者が好む種類の議論である。しかし、そこにはほとんど意味はない。なぜなら、マネジメントとは、単なる科学でもなければ、単なる技能でもないからである。それは、科学であるとともに技能である。医学や法律、エンジニアリングと同じように、実務である。実務は理論を基盤とする。その理論は科学的でなければならない。厳密であって、正しさを証明できるものでなければならない。しかし同時に、実務は応用されなければならない。応用は個別具体的であって、経験と洞察を必要とする。

私は子供のころ、親戚の医学部の教授が何人かで、名医の条件について議論しているのを聞いたことがある。彼らは、技能があっても知識のない医者は危険であること、逆に、知識があっても技能のない医者は役に立たないことでは意見が同じだった。もちろん医者としての知識と技能の定義については若干違いがあった。大学教授とはそういうものである。しかし、有能な医者になるために必要な知識は誰でも習得できるし、技能も身につけることができるという点では一致していた。最高の知識と最高の技能を兼ね備えた名医には誰でもなれるわけではないが、優れた治療を施し、間違った治療をしないという意味での有能な医者には誰でもなれる。

同じことがマネジメントについてもいえる。有能であるためには、知識をもたなければならない。すなわち、「なぜ」行うのかを知らなければならない。同時に、「何を」行うのか、「いかに」行うのかを知らなければならない。技能をもたなければならない。

私自身、この条件を念頭に置いて、これまでマネジメントについて書いてきた。本書に引用したものはすべて、そうである。私が、理論家たちからは、学問的でなく実際的すぎると評され、実務家たちからは理論的すぎると評されてきたのは、そのためである。事実、彼らの言うとおりである。私はこれまで、知識の進歩、すなわちマネジメントの理論の発展に寄与しないようなものは書かなかった。同時に、実際に組織で働いている人たちのマネジメントの能力や仕事ぶりに寄与しないものも書かないようにしてきた。本書の各章も、それぞれが、「なぜ」「何を」「いかに」を扱っているはずである。

私自身は、組織としての大学のマネジメントの経験はかなりあるものの、マネジメントの実務家ではない。しかし、本書の各章において私が説いたものは、すべてアメリカ、カナダ、ヨーロッパ、中南米、日本、台湾の大小の企業、政府機関、さらにはNPO（非営利組織）を相手に行ってきた六〇年に及ぶコンサルティング活動において、実際に成功してきたものである。もちろんそれらの実践において、私はつねに理論的な知識を抽出すべく心がけてきた。

願わくは、読者の方々におかれても、本書の各章を必要な知識として読まれるとともに、行動への道案内としていただきたい。

マネジメントの世界

私のキャリアは、マネジメントの研究からはスタートしていない。若いころの数年間ロンドンの投資銀行で働いた経験はあるが、人生のスタートは企業人ではなかった。私の出発点は、きわめて専門的な二つの分野、政治学と歴史学だった。

私のマネジメントとの関わりは、前述したGMのトップマネジメントの研究から始まった。当時私は、マネジメントの世界の広さと、そこで発見した取り組み甲斐のある問題の数々に強く興味をひかれていた。

今日、品質管理その他マネジメントの各分野に専門家がおり、それぞれが専門とするものをキャリアとして追求している。しかしマネジメントそのものは、そのような個別的な専門分野の一つではない。組織における意思決定と行動は、すべて組織全体に影響を与える。

白内障の治療をしている眼科医は、眼という身体上の器官とその治療だけを考える。眼の手術が膝にいかなる影響を与えるかは考えない。これに対しマネジメントの世界では、それがいかに限定された領域のものであっても、自らの意思決定と行動が組織全体に与える影響を知るために、組織全体のことを理解しておかなければならない。組織とは、機械でも肉体でもない。優れて人間的な存在であり、社会的な存在である。したがって、それは、物理的な力あるいは生物的な力によってではなく、信頼、相互理解、動機づけによって左右される。当然、組織なるものと、その使命、価値観、目標、成果についての知識が必要となる。

学び行う

本書の目的は、読者の方々に対し、マネジメントのおもな領域について知ってもらうとともに、今後とも学び続ける意志をもってもらうことにある。なぜならば、これからは、仕事と人生の双方において、学ぶことを習慣として続けてもらわなければならないからである。今日いかに博識であっても、すでにうまく行っていることをさらにうまく行うとともに、新しいことを学び行うことを続けていかないかぎり、数年後には陳腐化した存在となるからである。読者におかれては、ぜひ本書によって、マネジメントのおもな領域について通暁していただきたい。

本書は、姉妹書「はじめて読むドラッカー」シリーズの「自己実現編」および「社会編」とともに、私の古くからの友人であり、三〇年にわたる私の著作の編者兼訳者である上田惇生氏の構想によるものである。氏は、若いころから私の著作の編集と翻訳を手がけてくれている。氏自身は、これまで日本の経済界で、集中力と労力と献身を必要とする重要なポストにあって活躍されてきた。うれしいことに、その間もずっと私の著作を手がけてくれた。私の著作については私よりも熟知している。一度ならず二度三度と翻訳してくれた著作も少なくない。今回も、全著作を読み直し、本書のために適切なものを選択し、編集し、削除するという作業に貴重な時間を割いていただいた。本書に対する氏の貢献については感謝の言葉が見つからない。本書が多くの方々に読まれ、氏の労力と貢献が報われることを望むばかりである。

二〇〇〇年夏
カリフォルニア州クレアモントにて

ピーター・F・ドラッカー

チェンジ・リーダーの条件■目　次

Part2 マネジメントの課題

Part3 マネジメントの責任

Part4 マネジメントの基礎知識

Part5　起業家精神のマネジメント

Part 1

マネジメントとは何か

1章　マネジメントは理解されていない

現代社会における不可欠の存在

マネジメントとは、事業に命を与えるダイナミックな存在である。彼らのリーダーシップなくしては、生産資源は資源にとどまり、生産はなされない。彼らの能力と仕事ぶりが、事業の成功、さらには事業の存続さえ決する。マネジメントこそ、企業がもちうる唯一の意味ある優位性である。

産業社会において、マネジメントは明らかに主導的な存在である。もはやわれわれは、資本と労働については論ぜず、マネジメントと労働について論じている。資本の責任や権利という言葉は消え、マネジメントの責任や権限という言葉を耳にする。マネジメント教育なるものが、一つの体系として確立されつつある。

マネジメントが主導的な機関として出現したことこそ、人類の歴史における画期的なできごとである。しかもマネジメントほど、社会の新しい基本的な機関、主導的な機関として急速に現われたものはない。また、絶対不可欠な存在であることが急速に明らかにされたものもない。それ以上に、マネジメントほど、反対に合うことなく、妨害されることなく、論議を呼び起こすことなく現われてきたものはない。

マネジメントは、おそらく文明が存続するかぎり、基本的かつ支配的な機関として存在する。それは、経済システムの特性と、人的、物的な生産資源を託された組織体のニーズを考えれば、必然である。のみならず、マネジメントとは、現代社会の信念の具現である。それは、資源を組織化することによって、人類の生活を向上させることができるという信念である。経済発展が、人類福祉の向上と社会正義の実現の強力な原動力になるとの信念である。

それは、二五〇〇年前、ジョナサン・スウィフトがいったように、思索だけの哲学者や、形而上の体系を築くだけの理論家ではなく、一本の草しか育たないところに二本の草を育てる者こそ、人類の福祉に真に貢献する者であるとの思想の具現である。

物的な豊かさが人間精神の向上をもたらすとの考えは、むかしながらの唯物論とは異なる。それどころか、唯物論とは対立する考えである。しかも、優れて現代的、西洋的な思想である。現代文明が生まれる以前、および現代文明の外部においては、資源は、自然をコントロールするための機会や道具ではなく、人間活動を制約するもの、あるいは環境への働きかけを制限するものとされた。資源は神からの授かり物であり、不変のものだった。実際、現代社会以外のあらゆる社会において、経済の変化は、社会や個人にとって危険極まりないものであり、経済の不変こそ、統治する者の第一の責務であるとされていた。

したがって、資源を生産的なものとすることを託された機関、すなわち経済発展の責任を託された機関としてのマネジメントは、現代の基本理念を反映する存在である。事実、もはやマネジメントは不可欠の存在である。そのゆえにこそ、ほとんど批判されることなく急速に発展してきた。

経済発展を支える鍵

今後数十年にわたって、アメリカをはじめとする自由世界にとって、マネジメントの能力、真摯さ、仕事ぶりが、決定的に重要な役割を果たすことになる。同時に、マネジメントに対する要求が、急速に、かつ確実に増していく。長期の冷戦による重い経済負担に耐えるには、経済発展を継続して進めなければならない。冷戦は平時経済を拡大すると同時に、国防上のニーズに即応できる能力の形成を要求する。国民経済に対し、瞬時にして平時生産から戦時生産へ移行するという未曾有の能力を要求する。われわれの生存は、これらの要求を満たせるか否かにかかっている（本稿は一九五四年執筆）。

今日アメリカが、経済的にも社会的にも世界のリーダーとなっている事実が、マネジメントの仕事を決定的に重要なものとする。頂上から下るのは楽である。頂上に踏みとどまるには、そこにいたるに要した倍の能力と努力が要求される。

将来振り返ってみれば、今日のアメリカは、ビジョンと努力の不足によって没落の道をたどった一八八〇年代のイギリスと同じだったと見られる危険がある。すでにアメリカには、さらに発展を進めるよりも、いまあるものを守ろうとする姿勢が見られる。多くの産業で、資本設備が老朽化しつつある。生産性が急速に向上しているのは、いくつかの新産業だけである。それは多くの産業において、たとえ低下はしていなくとも、停滞している。われわれに進歩をもたらし、独善と自己満足と怠惰を回避させることができるものは、卓越したマネジメント能力とその絶えざる向上をおいて他にない。

マネジメントは、アメリカ以外の国では、さらに決定的に重要な役割を担い、さらに困難な課題に直面する。ヨーロッパが経済的な繁栄を回復するか否かは、結局のところ、マネジメントの仕事ぶりにかかっている。かつての植民地諸国が、民主主義国家として経済発展に成功するか、あるいは共産主義国になるかも、責任感に富む有能なマネジメントを早急に育成できるかどうかにかかっている。

実際、自由世界全体が、マネジメントの能力と責任に大きく依存している。

マネジメントは理解されていない

ところがマネジメントは、その重要度の高さ、目立ち方、発展ぶりにもかかわらず、社会の基本的な機関のうち、もっとも知られず、もっとも理解されていない。企業のなかの人間さえ、マネジメントが何をしているか、何をすべきか、いかに活動しているか、なぜ活動しているかを知らない。

責任ある地位にある者を含めて、他のことには詳しい知的な人たちが、役員室や役員フロアで行われていることについては、まるで中世の地理学者がアフリカについて、一つ目の人食い人種や、不死鳥や、一角獣の地として思い描いたのと同じように、単に想像するにとどまっている。

では、マネジメントとは何か。それは何をするものか。

この問いに対しては、通常二つの答えが与えられている。一つは、マネジメントとは、トップマネジメントであるとの答えである。この場合、マネジメントはボスと同義である。もう一つは、人の仕事をマネジメントする者であり、他の人間に仕事をさせることをもって自らの仕事とする者であるとの答えである。しかしこれらの答えでは、誰がマネジメントであるかをいうにすぎない。実は、それすら正しくいっていない。マネジメントとは何か、何をするものかについては答えていない。

この問いに対する答えは、マネジメントの役割を分析することによって、初めて得られる。なぜなら、マネジメントは機関だからである。機関は、役割によってのみ説明され、明らかにされる。

マネジメントとは、組織体に特有の機関である。USスチールやイギリス石炭公社などの組織体が、新工場の建設を決定したとか、労働者をレイオフしたとか、顧客に対してフェアであるというとき、それは、マネジメントの決定や行動や姿勢についていっている。組織が決定し、行動し、ある態度をとるということは、マネジメントがそれらのことを行うということである。組織だけでは、何ら意味あることを行いえない。

逆にいえば、組織はすべて、法的な構造の違いにかかわらず、生きた存在として機能するためにマネジメントを必要とする。この点については、民間企業、イギリスの国営企業、あるいは郵便事業のようなむかしからの政府事業、さらにはソ連のトラストであろうと、違いはない。

2章　社会的機能および一般教養としてのマネジメント

成功がもたらした問題

カール・マルクスが一八五〇年代に『資本論』を書き始めたころ、マネジメントの概念はまだなかった。もちろん、マネジメントのプロが経営する企業もなかった。たとえばマンチェスター近郊で最大の工場は、マルクスの友人で協力者だったエンゲルスが所有する工員数三〇〇人の紡績工場だった。当時イギリスで、もっとも利益をあげている工場の一つだった。しかしそこには、マネジメントはなかった。仲間の労働者を監督してはいても、自らも労働者であるにすぎない職長が何人かいるだけだった。

歴史上、マネジメントほど急速に発展し、社会に大きな影響を与えることになったものはない。一五〇年ばかりの間に、マネジメントは先進国の社会と経済を変えた。グローバル経済を生み出し、グローバル経済のためのルールさえつくり出した。その間、マネジメント自身も変わった。

ところが今日、マネジメントの地位にある者のほとんどは、マネジメントのもたらした途方もない影響を理解していない。モリエールの戯曲『町人貴族』に登場する、自分がいかなる文体で話しているかを知らないジュールダン氏と同じである。自分たちがマネジメントをしていること、あるいは間違ってマネジメントをしていることを認識していない。その結果、今日の社会が直面している諸々の問題に対処できずにいる。それらの問題は、政治や技術に関わる問題ではない。外の世界からやってきた問題でもない。まさに、マネジメントの成功がもたらした問題である。

たしかにマネジメントの役割は変わっていない。それは、共通の目標、共通の価値観、適切な組織、訓練と研鑽によって、人々が共同で成果をあげられるようにすることである。ところが今日、まさにマネジメントの役割の意味そのものが、急激に変化しつつある。その主たる原因は、マネジメントの成功によって、労働力の重心が肉体労働者から知識労働者に変わってしまったことにある。

知識を生産資源に変える

第一次大戦が勃発したころ、ようやく何人かの思索家がマネジメントの出現に気づいた。当時ほとんどの人間にとって、マネジメントなど無縁のものだった。しかるに今日、アメリカの労働力のうち最大の職業は、統計局が「経営管理職および専門職」と分類しているものである。その数は、全労働人口の三分の一に達する。この変化をもたらしたものが、マネジメントだった。

史上初めて、高度の知識と技能をもつ膨大な数の人たちが生産的な活動に従事している。そのようなことが可能になったのも、マネジメントのおかげである。かつてそのような社会は一度もなかった。いかなる社会といえども、この種の人たちは、ごくわずかしか維持できなかった。異なる技能と知識をもつ人たちの共同作業によって共通の目的を達成させる方法など知られていなかった。

一八世紀、中国は、毎年二万人に及ぶ知識人に職を与え続けた。その数は当時の全ヨーロッパの知識人の数よりも多かった。ヨーロッパの知識人にとっては羨望の的だった。ところが今日、当時の中国とほぼ同じ人口のアメリカが、毎年一〇〇万人の大卒者を世に送り続けている。しかも、給与の高い職を探すことに苦労している者は、ほとんどいない。マネジメントの力が、彼らの雇用を可能とした。

知識、特に高度の知識は、つねに専門化している。単独では何ものも生み出せない。今日の企業は、六〇以上の専門分野にわたる一万人にのぼる高度の知識労働者を雇用する。技術者や設計者、エコノミストや統計専門家、会計士や心理学者、マーケティングや計画や人事の専門家が、共通の目的のために共同で働く。彼らのうちひとりとして、組織抜きで成果をあげられる者はいない。

最近一〇〇年における教育水準の爆発的な上昇と、大量の知識を生産的に利用するマネジメントの発展の、いずれが先だったかを論じても意味はない。現代のマネジメントは、知識の基盤が存在しなければ成立しえない。逆に、それらの知識や知識労働者に成果をあげさせることのできるものが、マネジメントである。しかも、マネジメントだけである。知識を装飾と贅沢の地位から、生産資源に変えたのはマネジメントである。

大企業が形を整え始めた一八七〇年ごろ、今日のようなマネジメントの発展を予見した企業人はあまりいなかった。それは、先見性がなかったからではなく、前例がなかったからだった。当時、常設の大規模組織は軍だけだった。したがって、大陸横断鉄道や製鉄所、近代的銀行、百貨店などの創設者たちが、軍の指揮命令系統を組織構造の範としたことは驚くにあたらない。こうして最上層の少数の者が命令し、最下層の大多数が従うという組織構造が、その後一〇〇年近くにわたり、あらゆる組織のモデルとなった。しかしこのモデルは、その寿命の長さが示すほどには固定的ではなかった。逆に、ただちに変わり始めた。多種多様な専門家がそれらの大企業に流入し、組織の構造を大きく変えることになった。

製造業において、大学教育を受けた技術者が企業に入ったのは、一八六七年、ドイツのシーメンスに入社したフリードリッヒ・フォン・ヘフナー＝アルテネックが初めてだった。五年後、彼は研究開発部門をつくった。これを皮切りに、シーメンスでは機能別の部門が次々につくられていった。第一次大戦のころには、研究開発、生産、財務、経理、若干遅れて人事など、製造業における機能別部門が出揃った。

教育訓練がもたらした大変化

ちょうどそのころ、企業活動に重大な影響を与える新しい発展がもう一つあった。それは、やがて世界経済にまで大きな影響を及ぼすことになった。すなわち、肉体労働にマネジメントを適用することによって可能となった教育訓練の発展である。教育訓練は戦時の必要に迫られて発展し、戦後の世界経済に大変化をもたらした。教育訓練の力によって、低賃金国が、賃金を据え置いたまま生産効率を上げることに成功した。一夜にして、世界市場における強力な競争相手となった。

そのようなことは、およそ伝統的な経済理論では考えられないことだった。アダム・スミスによれば、ある国なり地域なりが、綿布であれバイオリンであれ、ある製品を生産販売するうえで必要な労働の伝統を培い、技能を育てるには、数百年を要するはずだった。

第一次大戦中、工業について何も知らない未熟練の人間を、すぐさま生産的な労働者に育てることが必要となった。そのためアメリカとイギリスは、フレデリック・W・テイラーが一八八五年から一九一〇年にかけて開発した科学的管理法（サイエンティフィック・マネジメント）を応用した。仕事を分析し、誰にでもこなせる作業に分解して組み立て直した。この教育訓練の手法は、やがて戦後の日本に導入され、さらにその二〇年後、韓国に導入された。その結果、両国の驚異的な経済発展がもたらされた。

マネジメントは、一九二〇年代および三〇年代、特に製造業で発展した。規模の大きさのメリットと小ささのメリットを同時に実現するために、分権化が考え出された。会計は単に記述するための帳簿から、分析しコントロールするための手段となった。軍需生産のために、一九一七年から一八年に開発されたガントチャートからは、計画化の手法が発展した。同じように、経験と直観を定量化するために、分析と統計が使われた。それは、経験や直観を問題の明確化に利用するとともに、情報分析や判断の材料として利用するためのものだった。さらに、マネジメントの概念を流通と販売に応用することから、マーケティングが生まれた。

一九二〇年代半ばから三〇年代初めには、ＩＢＭのトーマス・ワトソン・シニア、シアーズ・ローバックのロバート・Ｅ・ウッド、ハーバード・ビジネススクールのエルトン・メイヨーなどのマネジメントの先駆者たちが、生産プロセスのあり方に疑問を投げかけた。彼らは、組立ラインは一時的な妥協にすぎないと結論した。たしかに、それは生産性を著しく向上させたが、あまりに硬直的な代物だった。人の使い方に難があり、エンジニアリング上も欠陥があった。そのため組立ラインは、実際には効率が悪かった。そのような考えと実験から生まれたものが、オートメ化、チーム制、品質管理サークル、情報型組織だった。

知識を仕事に適用する

これらマネジメントの革新はすべて、知識を仕事に適用することから生まれた。すなわち、システムと情報が、当て推量や体力や汗の代わりとなった。いずれも、テイラーの言葉を使うならば、より賢明に働くことをもって、より激しく働くことに代えた。

これらの革新がもたらした成果の大きさは、第二次大戦中に明らかになった。戦略的に優位にあったのは、ドイツ軍のほうだった。兵站線を短くして支援部隊を小さく抑え、前線の戦闘力に力を注いだ。だが、最後に勝利をつかんだのは連合軍だった。その勝利は、マネジメントの力がもたらした。交戦国すべての人口の五分の一にすぎないアメリカが、交戦国すべてに匹敵する兵士を送り、かつ交戦国すべてを合わせた以上の軍需物資を生産した。それらの物資を、ヨーロッパ、ソ連、中国、インド、アフリカなど遠く離れた前線に送った。

第二次大戦後、マネジメントに対する意識が世界中で高まったことは不思議ではない。マネジメントが独立した機能として認識され、一つの体系として研究し、発展させるべきものとされたのも当然だった。事実、戦後の世界経済で主導的な地位を得ることになった国々すべてにおいて、マネジメントが発展した。

われわれは同時に、マネジメントが企業だけのものではないことも理解するにいたった。マネジメントは、多様な知識と技能をもつ人たちが共同して働く事業すべてのためのものである。それは、アメリカにおいて、企業や政府機関よりも速い速度で成長を遂げてきた社会セクターの機関、すなわち病院、大学、教会、芸術団体、その他のＮＰＯ（非営利組織）に応用された。ＮＰＯのマネジメントには、企業にはない仕事として、ボランティアのマネジメントや寄附の募金などがある。しかし他の仕事は、企業とほとんど同じである。目標と戦略を明らかにし、自らが提供するサービスをマーケティングし、成果を評価し、人を育てなければならない。こうしてマネジメントは、世界的に、一つの新しい社会的機能となった。

マネジメントと起業家精神はコインの表裏

マネジメントは、体系としても仕事としても大きく発展した。なかでも特に重要なことは、マネジメントが、起業家精神とイノベーションの領域を含むようになったことである。今日にいたるも、マネジメントと起業家精神を、たがいに排除し合うものではないにしても、対立するものとして見る向きがある。あたかもそれは、バイオリニストの右手と左手を対立的あるいは排他的な存在と見るようなものである。いずれもが、同時に必要である。たがいに調整され、ともに機能しなければならない。既存の企業、教会、労働組合、病院は、イノベーションがなければ急速に凋落していく。逆に、新設の企業、教会、労働組合、病院は、マネジメントがなければただちに崩壊する。イノベーションの欠如こそ、既存の組織が凋落する最大の原因であり、マネジメントの欠如こそ、新しい事業が失敗する最大の原因である。

ところが、マネジメントの文献で、起業家精神やイノベーションに注意を払うものはあまりない。原因の一つは、そのほとんどが第二次大戦直後に書かれたものの影響を受けており、当時は新しい異質のもののイノベーションよりも、既存のもののマネジメントのほうが重要だったことにある。事実この間、ほとんどの組織が、三〇年から五〇年前に敷かれたレールにのって発展していた。

今日、そのような状況は劇的に変わった。イノベーションの時代が再び始まった。いまや、イノベーションはハイテクに限らない。技術に限らない。実際、社会的イノベーションこそ、いかなる科学的技術的な発明よりも、はるかに重要であって、きわめて大きな影響をもつ。

幸いわれわれは、すでに起業家精神とイノベーションを一つの体系として手にしている。イノベーションと起業家精神は、マネジメントの一部になっている。しかもそれは、すでに実証済みの原則に基づくものであることが、明らかになっている。イノベーションと起業家精神は、新しい事業とともに、既存の組織にも適用されるものであり、企業と企業以外の機関、政府を含むあらゆる機関に適用されるものであることが明らかになっている。

マネジメントが直面する問題

しかし、マネジメントについての文献の多くは、組織の内部におけるマネジメントの仕事に焦点をあてている。マネジメントの社会的な機能に、正面から取り組んでいるものはあまりない。そのため今日、マネジメントは重大な問題に直面している。すなわち、「マネジメントは、誰に責任を負うべきか」「いかなる責任を負うべきか」「その力の根拠は何か」「正統性の根拠は何か」である。実は、これらの問題は、経済学的な問題ではない。政治学的な問題である。

今日マネジメントは、その歴史上、もっとも重大な攻撃にさらされている。マルクス主義や労働組合からの攻撃よりも深刻である。すなわち、敵対的企業買収である。

そもそも敵対的企業買収なるものが可能となったのは、年金基金などの機関投資家が上場企業の大株主になったためである。年金基金は、法的には企業の所有者である。しかし、経済的には投資家にすぎない。投機家であることも少なくない。年金基金は、株式を保有する企業やその運命には関心がない。少なくともアメリカでは、年金基金の運用者は受託者であって、目の前の金銭的な利益以外のことは考えない。

敵対的企業買収の根底にある思想は、企業の唯一の機能は、株主に可能なかぎり多くの金銭的利益をもたらすことにあるというものである。したがって、企業そのものやそのマネジメントの正統性が確立されないかぎり、敵対的な株式公開買付けを行う乗っ取り屋がはびこるのは当然である。彼らは、永続的な事業体としての企業を解体し、略奪していく。短期的な目先の利益のために、真の富を生み出す能力を犠牲にしていく。

企業のマネジメントを含めあらゆるマネジメントが、その与えられた任務において、成果をあげる責任を負う。しかし、ここにいう成果とは何だろうか。「成果はいかに評価すべきか」。「いかに実現すべきか」。そして「マネジメントは、何に責任を負うべきか」。

今日、これらの問題が提起されるようになったことは、マネジメントの成功とその重要さを示す証である。しかしそれは、マネジメントが告発されているということでもある。いまだにマネジメントは、自らに力が与えられているという事実、力には責任が伴い、正統性が不可欠であるという事実を直視していない。自らが重要な存在であるという事実に目をつぶっている。

マネジメントとは何か

では、マネジメントとは何か。諸々の手法と手品の詰め合わせ袋か。それとも、ビジネススクールで教えるように、分析道具のセットか。もちろん、道具としてのマネジメントも重要である。体温計や解剖学が、医者にとって大切であるのと同じである。だが、マネジメントの進化とその歴史、すなわちその成功と失敗の数々は、マネジメントとは、何にもまして、ものの考え方であることを教えている。

第一に、マネジメントとは、人間に関わることである。その機能は、人が共同して成果をあげることを可能とし、人の強みを発揮させ、弱みを無意味なものにすることである。これこそ組織の目的である。したがって組織の成功にとって、マネジメントは決定要因である。今日では、ほとんどの者、特に高学歴の者は、大小さまざまの組織によって雇用されている。それらの組織には、マネジメントがある。そしてまさに彼らの生計は、そのマネジメントの巧拙にかかっている。社会に貢献するにしても、個人の技能、献身、努力だけで実現できるものではない。彼らが属する組織のマネジメントの如何にかかっている。

第二に、マネジメントは、人と人との関係に関わるものであり、したがってそれぞれの国、それぞれの土地の文化と深い関わりをもつ。マネジメントは、ドイツ、イギリス、アメリカ、日本、ブラジルのいずれの国においても、同じ役割を果たすが、その方法は大きく異なる。マネジメントが直面する基本的な問題の一つは、自らのマネジメントに組み込みうる独自の伝統、歴史、文化を判別することである。日本の成功とインドの若干の後進性との差は、日本が、輸入したマネジメントの概念を自らの文化土壌で育てたことに原因がある。

第三に、あらゆる組織がその成員に対し、仕事について共通の価値観と目標をもつことを要求する。それなくして、そもそも組織は成立しえない。単に人の群があるだけである。したがってあらゆる組織が、人を結集できる単純明快な目的をもたなければならない。組織の目的は、包括的かつ明確なものでなければならない。そこから従業員一人ひとりが、共通の価値観をもつことができるものでなければならない。もちろん組織の目的から出てくる目標も、明確でなければならない。周知徹底し、常時確認しなければならない。マネジメントの責務は、これらの目的、価値観、目標について検討し、決定し、組織の成員に示すことである。

第四に、マネジメントは、組織とその成員を成長させなければならない。組織はすべて、学習と教育のための機関である。どの階層でも、訓練と啓発の仕組みが確立していなければならない。訓練と啓発に終わりはない。

第五に、組織は、異なる仕事をこなす異なる技能と知識をもつ人たちから成る。したがってそこには、意志の疎通と個人の責任が確立していなければならない。組織の成員すべてが自らの目標についてよく考え、皆がそれを理解しているか確かめなければならない。同時に、自らが他の人たちのおかげを蒙っていることを理解し、皆が理解しているか確かめなければならない。また、期待されているものについても、それを理解しているか確かめなければならない。

第六に、組織とそのマネジメントにとって、成果の評価基準は、産出量や利益だけではない。マーケティング、イノベーション、生産性、人材育成、財務状況などのすべてが、組織の成果として、また組織の存続に関わる問題として重要である。ＮＰＯといえども、それぞれの具体的な目的に応じた成果の評価基準をもたなければならない。人間の健康度と業績を計るには、多様な尺度が必要である。同じように、組織の健康度と業績を計るためにも、多様な尺度が必要である。そのためには、成果を組織とマネジメントのなかに組み込み、つねに測定できるようにしておかなければならない。少なくとも、評価できるようにしておかなければならない。さらには、その成果を改善していかなければならない。

第七に、もっとも重要なこととして、組織にとって、成果はつねに外部に存在する。企業の成果は顧客の満足であり、病院のそれは患者の治癒であり、学校のそれは生徒が何かを学び一〇年後にそれを使うことである。組織の内部には、コストが発生するにすぎない。

マネジメントたるものは、これら基本的なものの考え方を理解し、その理解に基づいて、マネジメントしなければならない。そうすることによって、初めて成果をあげることができる。

マネジメントは人間学である

三〇年前、科学者であり小説家でもあったイギリスのC・P・スノーは、現代社会における二つの文化について説いた。しかしマネジメントは、スノーのいう人文科学の文化でも自然科学の文化でもない。マネジメントとは、仕事である。その成否は、結果で判定される。すなわち、それは技能である。

しかし同時に、マネジメントは人に関わるものであり、その価値観や成長に関わるものである。すなわち、それは人間学としての人文科学である。マネジメントは、人間社会と関わりをもち、影響を与える。この場合にも、マネジメントは人文科学である。つまるところ、私をはじめマネジメントとともに長年働いてきた者が知りえたように、マネジメントとは、人間の心、すなわちよかれ悪しかれ人間の本質に関わるものである。したがって、マネジメントとは、まさに伝統的な意味におけるリベラルアート、すなわち一般教養である。知識、認識、英知、リーダーシップに関わりをもつがゆえに人格に関わるものであり、仕事に関わりをもつがゆえに技能に関わるものである。

かくしてマネジメントたる者は、心理学、哲学、倫理学、経済学、歴史など、人文科学、社会科学、自然科学の広い分野にわたる知識と洞察を身につけなければならない。それらの知識によって、成果をあげ、結果を出さなければならない。そしてそれを、病院の治療、学生の教育、橋の建設、使いやすいソフトの設計や販売に使わなければならない。こうしてマネジメントは、体系および仕事としての地位を確立していくことになる。まさにそのような過程を通じて、再び人間学としての人文科学が、注目され、認められ、影響をもち、意味のある存在となっていく。

Part 2

マネジメントの課題

1章　マネジメントの役割とは何か

果たすべき三つの役割

企業も公的機関も、社会の機関である。それらの組織は、それ自身のために存在するのではなく、それぞれの機能を果たすことによって、社会や地域や個人のニーズを満たすために存在する。組織は、目的ではなく手段である。問題は、「その組織は何か」ではなく、「その組織は何をなすべきか。使命は何か」である。

まさに、それらの組織の中核となる機関がマネジメントである。したがって、次に問うべき問題は、「マネジメントの役割は何か」である。われわれはマネジメントを、その役割によって定義しなければならない。

マネジメントには、自らの組織が社会に貢献するうえで果たすべき役割が三つある。それらは、たがいに異質であるが、同じように重要である。第一に、組織に特有の使命すなわち目的を果たすことである。第二に、組織に関わりのある人たちが生産的な仕事を通じて生き生きと働けるようにすることである。第三に、自らの組織が社会に及ぼす影響を処理するとともに、社会の問題の解決に貢献することである。

組織の使命を果たす

第一に、マネジメントは、その組織が使命を果たすために存在する。企業の場合、それは経済的な成果をあげることを意味する。企業とその他の組織との違いは、使命すなわち果たすべき成果の違いにある。それ以外は違いがない。具体的な使命として、経済的な成果をあげなければならないのは企業だけである。それこそが存在理由であり目的である。病院、教会、大学、軍にとって経済性は制約条件だが、企業にとっては、それこそが存在理由であり目的である。

企業のマネジメントたるものは、あらゆる意思決定とあらゆる行動において、まず経済的な成果をあげることを考えなければならない。企業のマネジメントが自らの存在と権限を正当化できるのは、その経済的な成果によってのみである。経済的な成果を生むことができなければ失格である。消費者が欲する財とサービスを、彼らが進んで払う価格で供給できなければ失敗である。さらに企業のマネジメントは、自らに託された経営資源の生産力を向上させなければならない。少なくとも維持しなければならない。このことは、経済体制、政治体制、イデオロギーにかかわらず、企業のマネジメントが、利益をあげることについて責任を負うことを意味する。

働く人を生かす

第二に、マネジメントは仕事を生産的なものにし、働く人たちを生かす役割がある。企業でも企業以外の組織も、真の経営資源は一つである。人である。組織が成果をあげるのは、人的資源の生産性を上げることによってである。それは、仕事を通じてである。したがって、仕事を生産的なものにすることは、あらゆる組織にとって基本的な機能である。しかも現代社会においては、組織こそ、人間にとって生計の資を得、社会的な地位をもち、コミュニティの一員となり、自己実現と生きがいを得るための手段である。したがって今日、働く人たちを生かすことは特に重要な意味をもつ。

仕事を仕事の論理に従って編成することは、最初の段階にすぎない。むずかしいのは次の段階である。仕事を人に合わせることである。人の論理は、仕事の論理とは著しく異なる。人を生かすには、一人ひとりの人間を、生理的にも心理的にも、独自の特性、能力、限界をもち、独自の行動様式をもつ生きた存在としてとらえなければならない。

社会的責任を果たす

第三に、マネジメントには、自らの組織が社会に及ぼす影響を処理するとともに、社会の抱える問題の解決に貢献するという役割がある。

いかなる組織といえども、それだけで存在し、自らを目的とするわけにはいかない。それは社会の機関であり、社会のために存在する。企業は、人に仕事を与え、株主に配当を与えるために存在するのではない。社会に財とサービスを供給するために存在する。病院は、医師や看護師のために存在するのではない。患者のために存在する。その患者の願いは、早く退院することであり、再び入院しなくともよいことである。

組織は、心理的にも地理的にも、文化的にも社会的にも、社会の一部たらざるをえない。その使命を果たすには、すなわち経済的な財やサービスを生産するには、個々の人間に対し、地域社会に対し、社会一般に対し、何らかの影響を与えざるをえない。組織は、そこに働く人たちに対し、権力と権限を行使せざるをえない。地域社会に対し、仕事と税金の源泉として、また廃棄物や汚染物の源泉として影響を与えざるをえない。

同時に組織は、われわれの多元的な組織社会において、生活の量すなわち経済的な財やサービスの供給という基本的な課題に加え、生活の質すなわち現代人と現代社会の物理的、人間的、社会的な環境にますます関心をもたざるをえない。

2章　われわれの事業は何か

利益と社会貢献は矛盾しない

企業とは何かと聞けば、ほとんどの人が営利組織と答える。経済学者もそう答える。だがこの答えは、間違っているだけでなく、的はずれである。経済学は利益を云々する。しかし利益の極大とは、「安く買って高く売る」にすぎない。それは、企業のいかなる活動も説明しない。企業のあり方についても説明しない。

利益の極大には意味がない。利益の極大なる概念には、利益というものの意義を誤って神話化する危険さえある。利益と収益性は、個々の企業にとって重要であるとともに、社会にとってはさらに重要である。だが利益は、企業と企業活動にとって、目的ではなく制約条件である。利益は、企業の活動や意思決定にとって、原因や理由や根拠ではなく、その企業の活動の妥当性を判定する基準である。したがって、たとえ天使を取締役にもってきたとしても、すなわち利益に対する興味をまったくなくしたとしても、利益には重大な関心を払わざるをえない。

こうした混乱が生じた原因は、利潤動機なる心理的な動機によって、人の行動を説明できるとの思い込みにある。だが、そもそも利潤動機なるものが存在するかさえ疑わしい。それは古典派経済学者が、均衡理論では説明できなかった経済の現実を説明するために発明したものである。利潤動機の存在を証明するものはない。われわれは、かつて利潤動機によって説明していた経済変動や経済成長の真の要因をすでに見出している。

利潤動機なるものは、企業の行動や利益を理解するには役に立たない。何某が儲けるために事業を行っているということは、彼と彼の記録係の天使だけの問題である。そのことから、彼が何をいかに行っているかを知ることはできない。

利益の極大なる概念は、的外れどころではない。害を与えている。この概念のために、利益に対する誤解や敵意が生じている。しかもその誤解と敵意こそ、現代社会におけるもっとも危険な病《やまい》である。さらには、企業の本質、使命、機能を誤解した最悪の過ちが公共政策において生じているのも、主としてこの概念のせいである。また、利益と社会貢献は矛盾するとの通念が生まれているのも、そのためである。実際には、企業は高い利益をあげて、初めて本当の社会貢献を行ったことになる。

企業の目的は一つ――顧客の創造

企業とは何かを知るには、その目的から考えなければならない。企業の目的は、それぞれの企業の外部にある。企業は社会の機関であり、その目的も社会にある。企業の目的の定義は一つしかない。それは、顧客を創造することである。

市場をつくるのは、神でも自然でも経済的な力でもなく、企業である。企業が満足させるべき欲求は、顧客がその欲求を満たす手段の提供を受ける前から感じていたものかもしれない。飢饉のときの食料のように、生活全体を支配し、顧客が四六時中そのことばかり考えているような欲求かもしれない。しかしそれらのものといえども、企業の活動がそれを有効需要に変えるまでは、潜在的な欲求にすぎない。有効需要に変えられることによって、初めて顧客と市場が誕生する。

ときには、欲求が生まれていないこともある。コピー機やコンピュータに対する欲求は、それらのものが手に入るようになって初めて生まれた。企業の活動が、イノベーションや広告やセールス活動によって創造するまで、欲求は存在しなかった。こうしていかなる場合においても、顧客を創造するのは企業である。

企業とは何かを決めるのは、顧客である。なぜなら、財やサービスを手に入れるために代金を払うという自発的な行動だけが、経済資源を富に、物質を財に変換するからである。しかも顧客が価値を認め、購入するものは製品ではない。それは、製品やサービスが提供するもの、すなわち効用である。

企業の目的が顧客を創造することであるために、企業には基本的な機能が二つある。それは、マーケティングとイノベーションである。成果を生むのは、マーケティングとイノベーションだけである。

顧客から出発せよ

ところが、そのマーケティングを行っていない企業があまりに多い。言葉だけに終わっている。これを証明しているのが、消費者運動である。なぜなら、消費者運動が企業に求めているものこそ、まさにマーケティングだからである。消費者運動は、顧客の欲求や、現実や、価値から出発せよと要求する。企業の目的は顧客の欲求を満足させることであると定義せよと要求する。その収入の基盤を、顧客に対する貢献におけと要求する。

マーケティングが、長い間説かれながら、消費者運動が強力な大衆運動として出現したということは、結局のところ、それが実践されていなかったということである。消費者運動は、マーケティングにとって恥である。しかし、企業にとっては機会である。消費者運動によって、企業は、言葉だけでなく実践においても、マーケティングを企業活動の中心に置かざるをえなくなる。

何よりも消費者運動によって、これまで真のマーケティングがあまりに少ない原因となっていた混乱が収まる。これまでマネジメントのいうマーケティングは、販売に関係する諸々の活動の組織的な遂行を意味していた。だが、それではまだ販売である。その考えは、われわれの製品から出発している。われわれの市場を探している。これに対し、真のマーケティングは、顧客から出発する。すなわち人間、現実、欲求、価値から出発する。「われわれは何を売りたいか」など考えない。「顧客は何を買いたいか」を問う。「これが、われわれの製品やサービスにできることだ」とはいわない。「これが、顧客が求め、価値ありとし、必要としている満足だ」という。

実際、販売とマーケティングは逆である。同じ意味でないことはもちろん、補い合う意味さえもたない。

もちろん、つねに何らかの販売は必要である。しかしマーケティングの理想は、販売を不要にすることである。マーケティングが目指すものは、顧客を理解し、製品やサービスを顧客に合わせ、おのずから売れるようにすることである。

新しい経済満足を生み出す

しかしマーケティングだけで、企業は成功できない。静的な経済には、企業は存在しえない。静的な社会において存在しうるものは、手数料をもらうだけのブローカーか、何の価値も生まない投機家である。企業は、成長する経済にしか存在しえない。少なくとも、変化を当たり前とする経済にしか存在しえない。そして企業こそ、この成長と変化のための機関である。

したがって、企業の第二の機能は、イノベーションである。新しい経済的満足を生み出すことである。企業は、経済的な財やサービスを供給するだけでは十分ではない。よりよく、より経済的な財とサービスを供給しなければならない。企業そのものも、より大きくなる必要はないが、つねによりよくならなければならない。

イノベーションの結果もたらされるものは、値下げかもしれない。しかし、これまで経済学者が、この点にもっとも大きな関心をもってきたのは、単に価格だけが定量的に処理できるからにすぎない。イノベーションの結果もたらされるものは、新しいよりよい製品や、新しい便利さや、新しい欲求である。

生産的なイノベーションとは、単なる改良ではない。それは、新しい欲求の満足をもたらす製品とサービスの創造である。そのような製品の価格は、かえって高くなる。しかし全体としての効果は、はるかに経済的である。抗生物質は、昨日の医者が肺炎と闘うために使っていた冷湿布よりも、はるかに高価である。

イノベーションとは、既存の製品に新しい用途を見つけることでもある。イヌイットに食物の凍結防止用として冷蔵庫を売ることは、新しい工程の開発や、新しい製品の発明に劣らないイノベーションである。イヌイットに売ることは、新しい市場を開拓することである。凍結防止用として売ることは、新製品を創造することである。技術的には既存の製品があるだけだが、経済的にはイノベーションが行われている。

イノベーションは発明ではない。技術に関わる概念ではなく、経済に関わる概念である。社会的なイノベーションや経済的なイノベーションは、技術のイノベーション以上に重要である。

したがって、企業において、イノベーションを単なる一つの機能とみなすことはできない。技術や研究の世界のものではなく、あらゆる部門と活動に及ぶ。製造業だけのものでもない。事実これまで、流通業におけるイノベーションが、製造業におけるそれと同じように重要な役割を果たしてきた。銀行業や保険業におけるイノベーションもそうだった。イノベーションとは、人的資源や物的資源に対し、より大きな富を生み出す新しい能力をもたらすことであると定義できる。

したがってマネジメントは、社会のニーズを、利益をあげる事業機会としてとらえなければならない。これこそ、イノベーションの定義である。このことは、社会、教育、医療、都市、環境などさまざまなニーズが強く意識されている今日にあって、特に強調されるべきである。

企業をマネジメントするということは何か。企業の活動とは、マーケティングとイノベーションによる顧客の創造である。したがって、企業をマネジメントするということは、起業家的な活動である。もちろん企業をマネジメントするためには、管理者的な活動も必要である。しかしそれは、起業家的な目標に従うものである。構造は戦略に従うからである。

われわれの事業は何か

今日の企業、病院、政府機関は、高度の知識と技能をもつ者を、組織のあらゆる階層に多数集めている。仕事の進め方やその内容を左右するのが、それら高度の知識と技能である。組織のあらゆる階層において、企業そのものや企業の能力に直接影響を与える意思決定が行われている。「何を行い、何を行わないか」「何を続け、何を止めるか」「いかなる製品、市場、技術を追求し、いかなる市場、製品、技術を無視するか」などの大きなリスクを伴う意思決定が、かなり下の地位の人間によって、しかもマネジメントの肩書や地位のない研究者や設計技師、あるいは製品計画担当者や税務会計担当者によって行われている。

彼らは彼らなりに、漠然としたものかもしれないが、自らの事業について何らかの定義をもって意思決定を行う。彼らはみな、「われわれの事業は何か。何であるべきか」という問いに対する答えをもっている。

したがって、企業自らが、この問いについて徹底的に検討し、その答えを少なくとも一つは用意しておかないかぎり、上から下にいたるあらゆる階層の意思決定が、それぞれ相異なる両立不可能な矛盾した事業の定義に従って行われることになる。たがいの違いに気づきもせず、反対方向に向かって努力を続けることになる。のみならず、それぞれ間違った定義に従って、意思決定を行い、行動することになる。あらゆる組織において、共通のものの見方、方向づけ、活動を実現するには、「われわれの事業は何であり、何であるべきか」を定義することが不可欠である。

自らの事業は何かを知ることほど、簡単でわかりきったことはないかに見える。鉄鋼会社は鉄をつくり、鉄道会社は貨物と乗客を運ぶ。保険会社は火災の危険を引き受け、銀行は金を貸す。しかし実際には、「われわれの事業は何か」との問いは、答えるのがきわめてむずかしい問いである。わかりきった答えが正しいことはあまりない。実は、この「われわれの事業は何か」を問うことこそ、トップマネジメントの第一の責任である。

おそらく、企業の目的としての事業内容を十分に検討していないことが、企業の挫折や失敗の最大の原因である。逆に企業の成功は、つねに「われわれの事業は何か」をはっきり問い、その問いに対する答えを熟慮のうえ明確にすることによってもたらされてきた。

顧客は誰か

企業の目的を定義する場合、出発点は一つしかない。顧客である。まず、顧客によって事業は定義される。事業は、社名や定款や設立趣意書によって定義されるのではない。製品やサービスの購入によって顧客を満足させようとする欲求によって定義される。顧客を満足させることこそ、企業の目的である。したがって、「われわれの事業は何か」との問いは、企業を外部、すなわち顧客と市場の視点から見て初めて答えることができる。

顧客の関心は、価値や欲求や現実である。この事実だけを見ても、「われわれの事業は何か」との問いに答えるためには、顧客からスタートしなければならない。すなわち、顧客の現実、状況、行動、期待、価値観からスタートしなければならない。したがって「誰が顧客か」との問いこそ、企業の使命を定義するうえでもっとも重要な問いである。やさしい問いではない。まして、わかりきった問いではない。しかるに、この問いに対する答えによって、事業をどう定義するかがほぼ決まる。

消費者すなわち製品やサービスの最終利用者は、つねに顧客である。しかし、消費者だけが顧客ではない。顧客はつねに、少なくとも二種類いる。しかも顧客によって、事業の定義も違い、その期待や価値観も違い、購入するものも違う。

ほとんどの事業が、少なくとも二種類の顧客をもつ。たとえばカーペット産業は、建築業者と住宅購入者という二種類の顧客をもつ。カーペットが売れるためには、両者が購入してくれなければならない。生活用品のメーカーは、少なくとも主婦と店という二種類の顧客をもつ。主婦に買う気を起こさせても、店が品物を並べてくれなければ何にもならない。逆に、店が目につくよう陳列してくれても、主婦が買ってくれなければ、これまた何にもならない。

「顧客はどこにいるか」と問うことも重要である。一九二〇年代にシアーズ社が成功した秘密の一つは、顧客がそれまでとは違う場所にいることを知ったことにあった。農民は自動車をもち、町で買い物をするようになっていた。

次の問いは、「顧客は何を買うか」である。キャデラックをつくっているのであれば、自動車をつくっており、名前もGMのキャデラック事業部であると考える。しかし、キャデラックの新車に大金を支払う者は、本当に輸送手段としての車を買っているのだろうか。ステータスシンボルではないのか。キャデラックは、シボレーやフォードやフォルクスワーゲンと競争しているのだろうか。

ドイツ生まれの元修理工ニコラス・ドレイシュタットは、一九三〇年代の大恐慌のころ、キャデラック事業部の経営を任され、「キャデラックは、ダイヤモンドやミンクのコートと競争している。顧客は、輸送手段ではなく地位を買っている」と考えた。この答えが、破産寸前のキャデラックを救った。

ほとんどのマネジメントが、せいぜい苦境に陥ったときにしか「われわれの事業は何か」を問わない。もちろん苦境のときには当然である。事実、そのようなときに問うならば、目ざましい成果をあげ、絶望的な衰退さえ逆転できることがある。しかし苦境に追い込まれるまで待っていたのでは、ロシア式ルーレット、命をかける賭けに身をまかせることになる。それは、マネジメントとしてあまりに無責任である。

この問いは事業の初めに問わなければならない。特に成長を目指しているのであれば、必ず問わなければならない。「われわれの事業は何か」と真剣に問うべきなのは、むしろ成功しているときである。成功はつねに、その成功をもたらした行動を陳腐化する。新しい現実をつくり出す。新しい問題をつくり出す。「こうして幸せに暮らしました」と言って終わるのは、おとぎ話だけである。

もちろん成功している企業のマネジメントにとって、「われわれの事業は何か」を問うことは容易でない。誰もが、そのような問いの答えは当たり前のことであり、議論の余地はないとする。成功にけちをつけることは好まない。ボートを揺することを好まない。

われわれの事業は何になるか

「われわれの事業は何か」との問いへの答えのうち、大きな成功をもたらしたものでさえ、やがて陳腐化する。事業に関わる定義のうち、五〇年はもちろん、三〇年でさえ有効なものはあまりない。一〇年が限度である。

したがって、マネジメントたるものは、「われわれの事業は何か」を問うとき、「われわれの事業は何になるか。事業の目的や性格に影響を与えるおそれのある環境の変化は認められるか」「それらの予測を、われわれの定義すなわち事業の目的、戦略、仕事にいかに組み込むか」を問わなければならない。この場合にも、出発点になるのは市場である。「顧客や市場や技術に基本的な変化が起こらないものと仮定した場合、五年後あるいは一〇年後に、われわれの事業にとって、いかなる大きさの市場を予測できるか。そして、いかなる要因が、その予測を正当化し、あるいは無効とするか」

市場の動向のうちもっとも重要なものは、人口構造の変化である。ところが、これに注意を払っている企業がほとんどない。経済学者に倣って、人口を一定としている。もちろん過去においては正しかった。大きな戦争や飢饉など破滅的なできごとがないかぎり、人口はゆっくりとしか変化しなかった。しかし今日、これはもはや当てはまらない。人口は先進国、途上国の双方において急激に変化する可能性がある。事実、変化している。人口構造は、購買力や購買パターン、あるいは労働力に影響を与えるというだけの理由で重要なのではない。それは、人口構造が、未来に関して予測可能な唯一の事実だからである。

経済構造、流行と意識、競争状況の変化によってもたらされる市場構造の変化も重要である。特に競争状態については、顧客の製品観やサービス観に従って明らかにしておかなければならない。直接の競争だけでなく、間接の競争も含めて明らかにしなければならない。

最後に、消費者の欲求のうち、今日の製品やサービスで「満たされていない欲求は何か」を問わなければならない。この問いを発し、かつそれに正しく答える能力をもつことが、波に乗っているだけの企業と本当に成長する企業との差になる。波に乗っているだけの企業は、波とともに衰退する。

「われわれの事業は何になるか」との問いは、予測される変化に適応するための問いである。それが目指すものは、現在の事業を修正し、延長し、発展させることである。

しかし、「われわれの事業は何であるべきか」との問いも不可欠である。現在の事業をまったく別の事業に変えることによって、新たな機会を創造できるかもしれない。この問いを発しない企業は、重大な機会を逃す。「われわれの事業は何であるべきか」との問いに答えるうえで考慮すべき要因は、社会、経済、市場の変化であり、イノベーションである。自らによるイノベーションと、他者によるイノベーションである。

何を廃棄するか

新しいことの開始の決定と同じように重要なこととして、企業の使命に合わなくなったり、顧客に満足を与えなくなったり、業績に貢献しなくなったものを計画的に廃棄することがある。

「われわれの事業は何か、何になるか、何であるべきか」を決定するための手順として、既存の製品やサービス、工程、市場、流通チャネル、最終用途について体系的に分析していくことがある。「それらのものは、今日も有効か。明日も有効か」「今日顧客に価値を与えているか。明日も顧客に価値を与えるか」「今日の人口や市場、技術や経済の実態に合っているか。もし合っていない場合には、いかにしてそれらを廃棄するか。あるいは少なくとも、いかにしてそれらに資源や努力を投ずることを中止するか」

これらの問いを真剣にかつ体系的に問い続け、得られた答えに従って行動していかないかぎり、たとえ「われわれの事業は何か、何になるか、何であるべきか」という問いについて最善の定義を下したとしても、単に立派な手続きをとったというだけに終わる。エネルギーは昨日を防衛するために使い果たされる。明日をつくるために働くことはもちろん、今日を開拓するために働く時間も、資源も、意欲ももちえないことになる。

事業を定義することはむずかしい。苦痛は大きく、リスクも大きい。しかし、事業の定義があって初めて、企業は目標を設定し、戦略を開発し、資源を集中し、活動を行うことができる。事業の定義があって、初めて業績をあげるべくマネジメントできるようになる。

目標を具体化する

事業の定義は、目標に翻訳しなければならない。そのままではせっかくの定義も、決して実現されることのない洞察、よき意図、よき警告に終わる。

ここにいう目標とは、第一に、「われわれの事業は何か。何になるか。何でなければならないか」という問いから導きだされる具体的な目標である。抽象的であってはならない。目標とは、使命を実現するための公約であり、成果を評価するための基準である。言いかえるならば、目標とは、事業にとって基本戦略そのものである。

第二に、目標は行動のためのものである。仕事のターゲットと割り当てにそのままつながるべきものである。仕事と成果にとって、基準となり、動機づけとなるものである。

第三に、目標は、資源と行動を集中させるためのものである。事業活動のなかから重要なものを区別し、人、物、金《かね》という主たる資源の集中を可能にするものである。したがって、それは網羅的ではなく、めりはりのあるべきものである。

第四に、目標は一つではなく、複数たるべきものである。ところが最近の「目標によるマネジメント」をめぐる論議は、正しい目標を一つ求めている。しかしそのような目標は、錬金のための賢者の石のように益がないだけでなく、害をなし、人を誤り導く。つまるところ、マネジメントとは、多様なニーズをバランスさせることである。そのためには、目標は複数でなければならない。

第五に、目標は、事業の成否に関わる領域すべてについて必要なものである。目標の内容は組織によって違う。しかし目標を設定すべき領域は、あらゆる組織に共通している。なぜならば、事業の成否を決める要素は、いかなる組織でも同じだからである。

企業はまず、顧客を創造しなければならない。したがって、マーケティングの目標が必要である。企業はイノベーションを行わなければならない。さもなければ、陳腐化する。イノベーションの目標が必要である。さらに企業は、経済学のいわゆる生産の三要素、すなわち人的資源、資金、物的資源を必要とする。したがって、それらのものの補給、利用、開発についての目標が必要である。企業が生き残るためには、それらの資源の生産性を向上させていかなければならない。したがって、生産性についての目標が必要である。さらに、企業は社会のなかに存在する以上、社会的な責任を果たさなければならない。少なくとも、自らが社会に与える影響について責任を果たさなければならない。したがって、社会的責任についての目標が必要である。

そして最後に、利益をあげなければならない。さもなければ、いかなる目標も達成できない。あらゆる目標が何らかの活動を必要とし、したがってコストを必要とする。それらのコストは利益によって賄われる。しかも、あらゆる活動がリスクを伴う。それらのリスクをカバーするための利益を必要とする。利益自体は目標ではない。しかしそれは、企業それぞれの戦略、ニーズ、リスクに応じて設定すべき必要条件である。

したがって、目標は次の八つの領域において必要とされる。すなわち、マーケティングの目標、イノベーションの目標、人的資源の目標、資金の目標、物的資源の目標、生産性の目標、社会的責任の目標、必要条件としての利益の目標である。目標は絶対のものではない。方向づけである。拘束ではない。献身である。未来を決めるものではない。未来をつくるべく資源を動員するための道具である。

マーケティングの目標

目標の設定においても、その中心となるのはマーケティングとイノベーションである。顧客が代価を払うのは、この二つの分野における成果と貢献に対してだからである。

マーケティングの目標は一種類であってはならない。つねに複数でなければならない。既存の市場における既存の製品やサービスについての目標、製品、サービス、および市場の廃棄についての目標、既存の市場における新製品や新サービスについての目標、新しい市場についての目標、流通チャネルについての目標、アフターサービスについての目標、信用供与についての目標などである。

これらについて書かれた文献は、すでに多数ある。しかし、マーケティングに関わる目標は、次のような二つの基本的な意思決定があって、初めて設定可能であることは、十分認識されていない。すなわち、集中の目標と市場地位の目標である。

古代の偉大な科学者アルキメデスは、「立つ場所を与えてくれれば世界をもちあげることもできる」と言った。この立つ場所こそ、集中すべき分野である。集中することによって、初めて企業は世界をもちあげることができる。したがって集中の目標は、基本の基本ともいうべき重大な意思決定である。集中についての目標が伴って初めて、「われわれの事業は何か」という問いに対する答えも、意味ある行動に転換することができる。

マーケティングの目標の基礎となるもう一つの基本的な意思決定は、市場地位の目標である。一般には、「マーケットリーダーになりたい」と考えるのが普通である。あるいは逆に、「売上げが伸びさえすれば、シェアは気にしない」という考え方もある。いずれも、もっともに聞こえる。だが、いずれも間違っている。

そもそも、あらゆる企業が市場において同時にリーダーになることはありえない。

しかし、市場の拡大が自社の売上げの伸びよりも急であれば、シェアは小さくなる一方となり、きわめて危険な状態にたちいたる。シェアの小さな企業は、脆弱な存在である。市場における地位は、売上げの伸びとは関係なく、致命的に重要である。限界的な存在にならないための下限は、業種によって違う。だが、限界的な存在になることは、長期的に見たとき、企業の存続にとって危険である。

逆に、たとえ独占禁止法が存在していなくても、これ以上大きくなることは賢明ではないという上限がある。市場を支配すると、惰眠をむさぼる。自己満足によって失敗する。組織のなかに、イノベーションに対する抵抗が出てくる。外部の変化に対する適応が、危険なまでにむずかしくなる。市場にも、独占的な供給者への依存に対する抵抗が生まれる。メーカーの購買担当者にせよ、空軍の調達官にせよ、家庭の主婦にせよ、独占的な供給者の支配下にあることを好まない。

そのうえ、拡大しつつある市場、特に新しい市場では、独占的な者の業績は、競争相手がいる場合よりも芳しくないことが多い。矛盾していると思われるかもしれない。事実、ほとんどの者がそう思っている。しかし、新市場、特に大きな新市場は、供給者が一つよりも、複数であるほうがはるかに速く拡大する。市場の八割を占めることは、気持ちがよいかもしれない。だが一〇〇の八〇%は、二五〇の五〇%よりもはるかに少ない。供給者が一つの場合、市場は一〇〇でとまるおそれがある。自社製品の用途を勝手に心得ている独占的供給者の想像力不足によって、限界が設けられるからである。これに対し、供給者が複数の場合、独占的な供給者では想像もできない市場や用途が発見され、開発される。市場は、急速に二五〇に成長する。

デュポン社はこのことを理解していた。同社ではイノベーションに成功しても、独占的な供給者の地位を維持するのは、その新製品開発に要した投資を回収するところまでである。その後は、特許の使用権を与えることによって競争相手をつくる。その結果、多くの企業が市場や用途の開発を始める。ナイロンも、そのようないわばデュポン社後援の競争がなければ、市場はかなり小さなものにとどまっていたはずである。もし競争がなかったら、一九五〇年代の初め、新しい合成繊維が、アメリカではモンサントとユニオン・カーバイドの両社によって、イギリスではインペリアル・ケミカルによって、オランダではAKUによって市場にもち込まれたとき、ナイロンの市場は衰退を始めていたはずである。

したがって、市場において目指すべき地位は、最大ではなく最適である。

イノベーションの目標

イノベーションの目標とは、「われわれの事業は何であるべきか」との定義を具体的な行動に移すためのものである。いかなる企業にも、三種類のイノベーションがある。製品におけるイノベーション、市場、消費者行動、価値観に関わるイノベーション、製品を市場にもっていくまでの間におけるイノベーションである。

イノベーションの目標を設定するうえでの問題は、イノベーションの影響度と重要度の測定のむずかしさにある。

包装について即座に利用可能な小さな改良一〇〇件と、あと一〇年の努力によって、企業の性格を一変させる可能性のある化学上の発見一件の、いずれが重要か。この問いに対する答えは、デパートと製薬会社とでは違う。製薬会社でも会社によって違う。

経営資源の目標

企業が業績をあげるうえで必要な三種類の経営資源それぞれについても目標が必要である。それら経営資源の獲得、利用、生産性に関わる目標である。

経済学者が二〇〇年も前から言ってきたように、経済活動には三種類の資源が必要である。それは、労働つまり人的資源と、土地つまり物的資源と、資本つまり明日のための資金である。企業は、これらの経営資源を引きつけ、生産的に利用できなければならない。特に人的資源と資金を引きつけることができなければ、永続はできない。産業全体としても、その衰退を示す最初の徴候は、有能でやる気のある人間を引きつけられなくなることである。

たとえば、アメリカにおいて鉄道の衰退が始まったのは、第二次大戦後のことではない。第二次大戦後において、衰退が明らかなものとなり、かつ回復不可能となったにすぎない。実際の衰退は、第一次大戦のころに始まった。第一次大戦前には、有能な技術系の卒業者が、鉄道に職を求めた。しかし第一次大戦後は、理由は何であれ、すでに鉄道は、技術系の卒業者やその他いかなる分野の高学歴の若者にも魅力のない職場となっていた。

人的資源と資金の入手に関しては、特にマーケティングの考え方が必要である。「われわれが欲しかつ必要とする種類の人材を引きつけ、留めておくためには、わが社における仕事をいかなるものとしなければならないか」「いかなる種類の人材を獲得できるか。それらの人材を引きつけるには、何をしなければならないか」「われわれが必要とする資金を引きつけ留めておくには、わが社への資金の投入を、いかにして魅力あるものにしなければならないか」を問うことが必要である。

これら経営資源に関わる目標は、二方向において設定しなければならない。一方の出発点は、自らの需要である。自らの需要を市場の状況との関連において検討しなければならない。他方の出発点は、これら三つの経営資源の市場である。それらの市場の状況を、自らの事業の構造や、方向や、計画との関連において見ていかなければならない。

生産性の目標

経営資源を手に入れ、それを利用することは、第一歩にすぎない。それらの経営資源を生産的なものにすることが重要な課題である。あらゆる企業が、人的資源、物的資源、資金という三つの経営資源について、生産性の目標を設定しなければならない。同時に、生産性全体について目標を設定しなければならない。

企業の各部門のマネジメントや、企業間のマネジメントを比較するうえで最良の尺度となるのが生産性である。いかなる企業も、入手する経営資源には大差がない。独占というまれな状況を別にすれば、いかなる分野においても、企業間に差をつけるものはマネジメントの質の違いである。しかるに、マネジメントの質というこの決定的な要因を測定する一つの重要な尺度が、生産性、すなわち経営資源の活用の度合いとその成果である。

生産性の向上こそ、マネジメントにとって重要な仕事の一つである。また、困難な仕事の一つである。なぜならば、生産性とは、さまざまな要因の間のバランスでもあるからである。かつ、それらの要因のうち、定義しやすいものや測定できるものが、きわめて少ないからである。たとえば労働は、三つの生産要素の一つにすぎない。したがって、労働の生産性の向上が、他の経営資源の生産性の低下と引き換えにもたらされたのであれば、全体の生産性は低下しているかもしれない。

生産性とはむずかしい概念である。しかし、それは中心的な概念である。生産性の目標がなければ、事業に方向性がなくなる。生産性の尺度がなければ、事業はコントロールできなくなる。

社会的責任の目標

わずか数年前、経済学者もマネジメントも、企業の社会性は無形であって、目標を設定することなどできないとしていた。しかし今日われわれは、この無形のものを有形にしうることを知った。消費者運動や、環境破壊に対する攻撃は、自らの社会に与える影響と、社会の問題に対する自らの社会的責任について徹底的に検討し、目標を設定しなければならないことを学ぶための高価な授業料だった。

企業にとって、社会との関係は、まさに自らの存立に関わる問題である。企業は、社会と経済のなかに存在する。ところが組織のなかにいると、自らの組織が真空に独立して存在しているように考えてしまう。マネジメントも、自らの組織を内部から眺めてしまう。

組織は社会と経済の創造物である。社会や経済は、いかなる組織をも一夜にして消滅させる力をもつ。組織は、社会や経済の許しがあって存在しているのであり、社会と経済が、その組織を有用かつ生産的な仕事をしているとみなしているかぎりにおいて、存続が許されているにすぎない。したがって、社会性に関わる目標は、単なるよき意図の表明ではなく、組織の戦略としなければならない。それは、マネジメントが、社会に対して責任があるために必要となる目標ではない。自らの組織に対して責任があるために必要とされる目標である。

利益の目標

これら諸々の目標を徹底的に検討し、設定して、初めて企業は「利益がどれだけ必要か」という問いに取り組むことができるようになる。これらの目標はいずれも、その達成には大きなリスクが伴う。努力すなわち費用が必要となる。したがって、目標を達成するうえで利益が必要となってくる。利益とは、企業にとって存続の条件である。利益とは、未来の費用、事業を続けるための費用である。目標を実現するうえで必要な利益をあげている企業は、存続の手段をもっている企業である。これに対し、基本的な目標を実現するうえで必要となる利益に欠ける企業は、限界的かつ脆弱な企業である。

もちろん利益計画の作成は必要である。しかしそれは、無意味な常套語となっている利益の極大についての計画ではなく、必要最小限の利益についての計画でなければならない。ただし、この必要最小限の利益というものは、多くの企業では、実際にあげている利益はもちろんのこと、目標としている利益の極大のための額をも上回る場合が多いのである。

3章　事業を定義する

もはや前提が時代遅れだ

マネジメントの手法がこれほど次々と現われたのは、一九四〇年代末から五〇年代初めにかけてのころ以来である。ダウンサイジング、アウトソーシング、TQC、経済的付加価値分析（EVA）、ベンチマーキング、リエンジニアリングなどである。それぞれが有効である。ただし、アウトソーシングとリエンジニアリング以外は、すべて方法に関わる手法である。「何を」ではなく、「いかに」行うかについての手法である。

ところが、マネジメント、特にこれまで順調だった大企業のマネジメントにとっては、これからは「何を」行うかが問題となる。最近よく聞く話として、順風満帆に見えた大企業が、突然危機に直面し、低迷し、挫折する。アメリカだけの話ではない。日本、ドイツ、フランス、イタリア、オランダ、スウェーデンでも耳にする。しかも、労働組合、政府機関、病院、美術館、教会など、企業以外の組織でも起こっている。むしろ、それらの組織のほうがむずかしい問題に直面している。

原因は、マネジメントの方法が下手だからではない。マネジメントの仕方に失敗したためでもない。それどころか、たいていは正しく行っている。単に実を結びえないことを行うようになった結果にすぎない。なぜか。それは、これまで事業の定義としてきたものが、現実にそぐわなくなったためである。何を行い、何を行わないかを決め、何を意味ある成果とするかを規定すべき前提が、時代遅れとなったためである。すなわち、第一に、環境としての市場である。顧客や競争相手の価値観と行動である。第二に、自らの目的、使命である。第三が、自らの強みと弱みである。これらが、私が事業の定義と呼ぶものを構成する。

あらゆる組織が、自らの事業についての定義をもたなければならない。明快で一貫性があり、焦点の定まった定義が、組織のよりどころとなる。われわれは、事業の定義という視点に立つことによって、二〇世紀後半のアメリカ経済を支配してきたGMやIBMが今日直面している問題を明らかにすることができる。これまで成功してきた世界的な大組織が不調に見舞われているのは、まさに彼らの事業の定義が有効でなくなったからである。

IBMが直面した現実

長い間繁栄してきた大組織が苦境に陥ると、必ずといってよいほど、怠慢、傲慢、官僚化が問題にされる。しかし、はたしてそれらの批判は的を射ているのだろうか。一見したところではもっともらしい。だがそれらの指摘は、正しいことのほうが稀である。近年苦境に陥ったアメリカの大企業のなかで、官僚化がもっとも指摘されている二つの例を見たい。

IBMはかなり早くから、コンピュータは電力と同じ道を進むとしていた。IBMの将来は、無数のユーザーを接続するメインフレームコンピュータの強化にかかっているとしていた。このことを彼らは理路整然と説明した。経済学、情報理論、技術など、あらゆる理論から同じ結論を出していた。

ところが、このメインフレームを中心とする情報システムが現実のものになろうとしたまさにそのとき、二人の若者が、パソコンなるものを引っさげて登場した。当時のコンピュータメーカーは、それをばかげた代物と決めつけた。コンピュータに不可欠なメモリやデータベースをもたず、スピードや計算能力も劣っていた。成功するわけがないと、あらゆるメーカーが判断した。それはすでに、その数年前にパソコンの開発に取り組んでいたゼロックスの結論でもあった。ところが市場は、最初はアップル、次にマッキントッシュという非嫡出子を好意的に受け入れ、実際に購入した。

成功している大企業というものは、普通は不意打ちにあっても、そのことを認めようとしないものである。パソコンに対しても、ほとんどのメーカーが似た反応をした。

アメリカではコントロールデータ、ユニバック、バローズ、NCR、ヨーロッパではシーメンス、ニックスドルフ、マシーンブル、ICL、日本では日立、富士通だった。

もちろん、これらのメーカーを全部合わせたほどの売上げを誇り、しかも記録的な利益をあげていた巨人IBMも、同じ反応を示しておかしくなかった。あるいはそうすべきだった。だがIBMは、パソコンの登場を現実として受け入れた。確認ずみの正しいはずの方針を撤回し、パソコン開発のためのチームを社内に二つつくって競争させた。こうして、二年後には世界最大のパソコンメーカーとなり、規格の事実上の設定者となった。産業史上このような成果をあげた例はない。したがって、IBMについては、怠慢、傲慢、官僚化の批判は当たらない。

ところがIBMは、その前例のない活力、謙虚さ、機動力にもかかわらず、やがてメインフレームでもパソコンでも苦戦を始めた。行動をとれなくなった。

GMはなぜ失敗したのか

GMのケースも当惑させられる。同社は、乗用車部門が麻痺的な状態にあった八〇年代初め、ロス・ペローのエレクトロニック・データ・システムズ（EDS）と、ヒューズエレクトロニクスを買収した。当時アナリストの多くは、これらの二社は成熟しきっており、GMは法外な値段を払ったと指摘した。

ところが数年後には、GMは、成熟していたはずのEDSの売上げと利益を三倍以上に伸ばした。一〇年後の九四年には市場価格が買収時の六倍となり、売上げと利益が一〇倍となった。同じように同社は、まさに軍需産業が転落する寸前に買収したヒューズエレクトロニクスを、軍需部門で利益をあげさせるとともに、民需部門でも成功させた。驚くべきことは、GM一筋三〇年という財務の人たちが、この目を見張る業績をあげたことだった。彼らは、GMの仕事の仕方をそのまま適用しただけだった。

GMではよくあることだった。八〇年前の一連の買収以来、業績はよいが成熟してしまった企業を買収し、一流の事業に育てあげるという他の企業にはない強みをもっていた。ビュイック、ACスパークプラグ、フィッシャー・ボディの買収がそうだった。企業買収の実績において、GMに比肩しうるものはなかった。もしGMが、怠慢で傲慢な官僚化した存在であったならば、そのようなことはできないはずだった。しかし今日、そのGMが、不案内の事業を成功させる能力を維持しながら、本業では惨めに失敗している。

現実が前提を変えてしまった

IBMやGMで長年にわたって通用し、特にGMでは新しい事業でいまも通用している方針、方法、プロセスが、本業で通用しなくなったことを、いかに理解すべきか。それは、IBMやGMが直面している今日の現実が、これまで前提としてきたものとは著しく違ってしまったためである。言いかえれば、両社は、現実が変化したにもかかわらず、事業の定義を変えられなかった。

メインフレームコンピュータとパソコンは、発電所とトースター以上に違いがあった。むしろ発電所とトースターは、相互に依存し合い、補完し合う存在たりうる。だが、メインフレームコンピュータとパソコンは、競合関係にある。そのうえ情報の定義が違う。メインフレームにとって、情報とはメモリである。パソコンにとって、情報とはソフトウェアである。発電所の建設とトースターの生産ならば、一つの企業が所有し、マネジメントすることができる。ところが、メインフレームとパソコンは、そもそも同じ企業では共存できないのかもしれない。

IBMは、この二つを合わせもとうとした。パソコンの成長はあまりにも速かった。メインフレームビジネスの風下に置くことはできなかった。しかも、メインフレームは利益をあげていた。したがって、パソコンだけに力を入れることはできなかった。結局、コンピュータは一種類しかないという前提、さらにいうならば、コンピュータ産業はハードウェア志向であるという前提が、IBMを麻痺させた。

成長市場を無視したツケ

GMは、IBMよりも、さらに成功した事業の定義をもっていた。その定義のおかげで、世界最大の利益をあげ続けた。ほぼ七〇年間、ほとんど障害にぶつかったことがなかった。ビジネス史上稀有のことだった。

GMの事業の定義は、市場や顧客についての前提と、自らの強みと組織構造についての前提をクモの巣のように織りあげたものだった。一九二〇年代の初めから、同社は、自動車市場は、価値観を同じくする安定した所得層に区分できるとの前提に立ってきた。したがって、コントロールすべき独立変数は中古車価格だけだった。ユーザーは、下取り価格が高ければ、GMにとっても利益の大きなより高級な車に買い替える。頻繁なモデルチェンジは、下取り価格を押し下げる。GMはシェアと利益を最大にするために、市場についてのこのような前提と、生産についての前提を組み合わせた。その結果得られた答えが、モデルチェンジを減らし、大量生産によって一台当たりの固定費を最小にすることだった。

GMは、車種ごとに独立した事業部が各所得層を担当することにした。各車種の最高価格が一つ上の車種の最低価格と重なるようにし、かつ下取り価格を上げることによって、上の車種に移ることを容易にした。この方法は、魔法のように働いた。大恐慌中の最悪の年でさえ、GMは赤字を出すことなくシェアを広げた。

ところが一九七〇年代の終わりになって、市場と生産についてのこの前提が有効性を失った。市場は、ライフスタイルという気まぐれなものによって区分されるようになった。所得は、自動車の購入にとって唯一の決定要因ではなくなり、いくつかの要因の一つにすぎなくなった。さらに、リーン生産が規模のメリットをなくした。モデルチェンジや多様化にコストがかからなくなり、同一モデルの継続生産よりも利益が出るようになった。

GMは、頭ではこれらのことを理解した。しかし、心底信じてはいなかった。そこで、つぎはぎの対策をとった。各事業部が、より広い所得層に合う車を市場に投入した。リーン生産の経済性に対抗するために、三〇〇億ドルの巨費を投じて、オートメ化のもとにマス生産を進めた。

一般に考えられているのとは逆に、GMは時間と金を投入した。だがそれらの対策は、ユーザー、ディーラー、従業員、さらにはマネジメント自身を混乱させただけだった。しかもその間、成長市場を無視してしまった。リーダーシップを握りえた市場、ほとんど無敵でありえた軽トラックとミニバンの市場を無視した。

事業の定義

事業の定義は三つの要素からなる。第一は、組織をとりまく環境である。すなわち、社会とその構造、市場と顧客、そして技術の動向についての前提である。

第二は、組織の使命すなわち目的である。シアーズ・ローバックは、第一次大戦中から戦後の数年にかけ、一般家庭のためのバイヤーとなることを使命とした。その一〇年後、イギリスのマークス・アンド・スペンサーは、所得層にとらわれない小売業となることによって、イギリス社会の変革を担うことを使命とした。またAT&Tは、第一次大戦中から戦後の数年にかけ、あらゆる家庭と会社が電話をもてるようにすることを使命とした。ここにいう使命は、必ずしも野心的なものである必要はない。GMは、はるかに慎ましい使命を定めた。エンジン付きの陸上輸送機器の分野でリーダーになるという使命だった。

第三は、そのような使命を達成するために必要な強みについての前提である。たとえば、一八〇二年に設立された陸軍士官学校は、信頼するにたるリーダーを養成する能力を自らの強みとした。マークス・アンド・スペンサーは、一九三〇年ころ、商品の買いつけ能力ではなく、商品を発見し、デザインし、開発する能力を強みとした。AT&Tは、一九二〇年ころ、料金を下げつつサービスを向上させることを可能とする技術上のリーダーシップを自らの強みとした。

第一の環境についての前提は、組織が何によって対価を得るかを明らかにする。第二の使命についての前提は、組織が何を意義ある成果とするかを明らかにする。経済や社会に対し、いかに貢献するつもりかを明らかにする。第三の自らの強みについての前提は、リーダーシップを維持していくためには、いかなる分野で抜きん出なければならないかを明らかにする。

言うまでもなく、これらは一見やさしそうに見える。しかし、そのような明瞭かつ一貫性のある有効な事業定義にたどりつくには、時間をかけた作業と思考と試行錯誤を必要とする。だが、組織が成功するには、必ずこの定義を行わなければならない。

しかも、事業の定義が有効であるためには、四つの条件を満たさなければならない。

四つの条件

第一に、環境、使命、強みについての前提が、それぞれ現実に合致しなければならない。

一九二〇年代の初め、イギリスのマンチェスターで、サイモン・マークスと三人の義理の兄弟が、自分たちの安売り店によって社会に変革をもたらそうと踏み出したころ、ちょうどイギリスの社会構造が、第一次大戦によって根底から揺さぶられていた。ランジェリー、ブラウス、ストッキングのような、品質とセンスがよく、しかも安い商品を購入する新たな買い手が、大量に生まれていた。マークス・アンド・スペンサーにとっては、それらの商品が最初の成功をもたらした。

同時に、同社は他の小売りにない強みを手に入れることにした。それまで、小売りにとっての強みは買いつけ能力だった。しかし同社は、顧客を知っているのはメーカーではなく、自分たちであるとした。もしそうであれば、メーカーではなく自分たちが商品の設計と開発を行い、その仕様どおりの商品がつくれるメーカーを見つけなければならない。小売りの下請けになることなど夢にも思っていなかった当時のメーカーに、この新しい定義を受け入れさせるには、五年から八年を要した。

第二に、事業の定義に関わる三つの前提は、それぞれがたがいに合致していなければならない。GMが数十年にわたって隆盛をきわめた理由が、ここにあった。GMは、市場についての前提と生産についての前提を完全に合致させた。しかも、同社はすでに二〇年代半ばに、他社にはない特有の強みが必要であるとの結論に達した。それが、製造プロセスの財務的なコントロールであり、投資についての意思決定手法の開発だった。こうしてGMは、自ら原価計算と投資評価の手法を開発した。

第三に、事業の定義は、組織全体に周知徹底しなければならない。これは、組織が若いころには容易である。しかし成長するに伴い、その定義を当然のこととし、特別に意識しなくなる。万事が杜撰になり、手軽にすますようになる。正しいことよりも、都合のよいことを追いかける。考えなくなる。疑問をもたなくなる。答えを覚えていても、問題が何であったかを忘れる。事業の定義がいわば慣習となる。慣習をもって規律に代えることはできない。しかるに、事業の定義はそれ自体が規律である。

第四に、事業の定義は、たえず検証していかなければならない。定義は、石板に刻んだ碑文ではない。仮説にすぎない。社会、市場、顧客、技術という、つねに変化してやまないものについての仮説である。したがって、自己変革の能力そのものを、定義のなかに組み入れておかなければならない。

定義は必ず陳腐化する

事業の定義のなかには、長く生き続ける強力なものもある。だが、人間がつくるものに永遠のもののはない。特に今日では、永続しうるものさえほとんどない。事業の定義も、やがては陳腐化し、実効性を失う。

一九二〇年代に創業し、その後繁栄してきた大企業が基盤とする事業の定義に今日生じているものが、この陳腐化である。これが、GM、AT&T、IBMに生じたことであり、ユニバーサルバンクとしてのドイツ銀行に生じていることである。さらには、急速に解体に向かいつつある日本の系列に生じつつあることである。

通常、事業の定義が陳腐化してきたときの最初の対応は、防衛的である。現実を直視せず、何ごとも起こっていないかのように振る舞う。その次によく見られる対応は、八〇年代のGMや今日のドイツ銀行に見られるように、小手先の対策である。ドイツ銀行をメインバンクとするドイツの大企業の多くが、今日突然の危機に見舞われているのは、もはやドイツ銀行の定義が通用しないことを示している。事実ドイツ銀行は、かつて意図した融資先会社の統治に関わる自らの機能を果たせなくなっている。小手先の対策は長く続かない。事業の定義が陳腐化の兆候を示し始めたときには、それまで成長の基盤となってきた前提が古くなってしまったことを認識し、自らの環境、使命、強みを、現実に照らし合わせてみなければならない。

では、具体的には何をしなければならないか。予防策を講じなければならない。事業の定義を定期的にモニターし、検証するシステムをつくっておかなければならない。そのうえで、兆候を早期に診断しなければならない。その結果、事業の定義が陳腐化しつつあることがわかったならば、その定義を見直し、新たな定義を行い、事業の方針と方法を変革しなければならない。こうして自らの行動を、まわりの環境の新しい現実と、自らの使命として規定すべきものと、獲得すべき強みに沿ったものにしなければならない。

具体的な予防策は二つしかない。しかしその二つを一貫して行うならば、水ももらさぬ体制のもとに、事業とその定義を急速に変革していくことができる。

第一の予防策は、私が体系的廃棄と呼んでいるものである。三年おきに、すべての製品、サービス、流通チャネル、方針を根本的に見直すことである。もしいま行っていなかったとして、なおかつそれを始めるかを検討しなければならない。こうして仕事や方針を見直すことは、事業の定義を問い直すことにつながる。諸々の前提について検証せざるをえなくなる。五年前に始めたときは有望と思われたが、今日いまだに成功していないのはなぜか。判断が間違っていたのか。方法がよくなかったのか。どこかに思い違いがあったのか。

廃棄を体系的かつ意識的に行わないかぎり、単に仕事に追われるだけになる。行ってはならないことや、もはや行えないはずのことに資源を浪費する。その結果、資源の欠乏を招く。とりわけ、市場や、技術や、強みの変化を利用するうえで不可欠な人材が不足する。そのため、事業の定義が陳腐化したときに生ずるに違いない機会に対し、攻撃的に対応することができなくなる。

第二の予防策は、外で起こっていること、特に顧客でない人たち（ノンカスタマー）について知ることである。数年前、歩きまわりのマネジメントなるものが流行した。たしかに、それは重要である。しかし、顧客について知ることも重要である。今日、そのための情報技術は急速に進歩しつつある。しかし、基本的な変化の最初の兆候が、組織の内部や、すでに顧客になっている人たちに現われることはあまりない。それは、ノンカスタマーに現われる。ノンカスタマーの数は、顧客よりも多い。今日、小売りの巨人たるウォルマートさえ、消費財市場の一四％しかカバーしていない。つまり、八六％は顧客ではない。

ノンカスタマーの変化の大切さを教える最近の例として、アメリカのデパートがある。デパートは二〇年ほど前の絶好調のころ、食料品を除く小売市場の三〇％をカバーしていた。しかも、自分たちの顧客について定期的に調査し、研究し、分析していた。しかし、顧客でない七〇％を占める人たちについては、関心をもたなかった。もつべき理由がなかった。デパートの事業の定義では、デパートで買い物をする余裕のある人たちは、すでにそうしているはずだったからである。たしかに五〇年前は、この前提は現実と合致していた。

しかしベビーブーム世代が成人したとき、この前提が効力を失った。アメリカでは、新しい世代のなかで増えつつあるもっとも重要な消費者、すなわち教育を受けた共働きの女性にとって、どこで買い物をするかを決める要因は、価格ではなくなっていた。時間だった。デパートで買い物をする時間がなかった。

デパートは顧客しか見ていなかった。そのため、このことに気づいたのはわずか数年前だった。そのときには、すでにデパートの商売は干上がっていた。ベビーブーム世代を顧客とするには手遅れだった。こうしてデパートは、顧客志向は大切であっても、それだけでは十分でないという教訓を与えてくれた。組織は、つねに市場志向でなければならない。

問題を早期に発見する

問題の発生を早期に発見するには、状況の変化に注意しなければならない。事業の定義は、組織が目標を達成したときに陳腐化する。目標が達成されるときとは、お祝いをすべきときではなく、定義を考え直すべきときである。

ＡＴ＆Ｔは、すべての家庭と企業に電話を提供するという使命を、五〇年代半ばに達成した。当時、マネジメントのなかには、事業の定義の見直しを主張する人たちがいた。しかし、すでに目標を達成したローカル・サービスを、成長分野である長距離サービスや国際通信から分離すべきであるとの主張は無視された。同社は数年後、苦境に陥った。その状態から脱するには、独占禁止法に基づく分割命令によって強制的に改革がなされるのを待つしかなかった。

急速な成長も、事業の定義の危機を意味することがある。短期間に二倍、三倍に成長すれば、いかなる組織も、それまでの定義を超えて成長しているに違いない。シリコンバレーの中堅企業であっても、従業員に名札をつけさせなければならなくなると、もはやビールパーティでコミュニケーションを図ることはできないことを知る。

それだけではない。そのような成長は、より深いところで、事業に関わる前提や方針や慣行に、問題を投げかけていることを知らなければならない。成長はもちろん、健全性を維持するためにも、自らの環境と、使命と、強みについて、繰り返し自問自答しなければならない。

予期せぬ成功と失敗

事業の定義が有効でなくなったことを示す兆候は二つある。一つは、自らのものであれ、競争相手のものであれ、予期せぬ成功である。もう一つは、同じく自らのものであれ、競争相手のものであれ、予期せぬ失敗である。

デトロイトのビッグスリーが、日本車に打ちのめされていたまさにそのとき、クライスラーが、予期せぬ成功を収めた。乗用車は急速にシェアを失っていたが、ミニバンとジープが急激な伸びを示した。当時、GMは軽トラック市場で業界トップの地位にあり、デザインと品質に抜きんでていた。そのGMが、クライスラーの成功に注意を払わなかった。しかも軽トラックやミニバンは、乗用車として購入されていたにもかかわらず、統計上では商用車に分類されていた。

もし、GMがクライスラーの成功に目を向けていたならば、自動車市場の区分や自らの強みについての前提が効力を失っていることに気づいたかもしれない。軽トラックやミニバンの市場は、所得階層で区分される市場ではなかった。したがって、下取り価格の影響を受ける市場ではなかった。皮肉なことに軽トラックは、GMが一五年も前に、すでに今日のリーン生産方式によって生産していた車種だった。

予期せぬ失敗は、予期せぬ成功と同じように、事業の定義の陳腐化を示唆する重大な兆候である。六〇歳を過ぎてからの軽い心臓発作と同じように、真剣に受け止めなければならない。

シアーズは六〇年前、大恐慌のさなかにあって、自動車保険が金融商品ではなく、自動車アクセサリーの一種になったと判断した。そこで、アメリカの一般家庭のためのバイヤーという自らの使命と、自動車保険の販売が合致していると結論した。誰もが、シアーズは突飛なことをすると思った。だが、自動車保険はただちに高収益事業へと成長した。

その二〇年後の五〇年代にも、シアーズは、ダイヤモンドの指輪が、ぜいたく品ではなく生活必需品になったと判断した。その後シアーズは、世界最大の、しかもおそらくはもっとも高収益のダイヤモンド商となった。

一九八一年、シアーズは証券投資が消費財になったと判断した。そこで、証券会社ディーン・ウィッターを買収し、その営業所をシアーズの各地の店内に設けた。だが、大失敗だった。消費者は、金融上のニーズを消費財とは考えなかった。シアーズはあきらめ、証券部門の営業所を店舗の外に出したところ、すぐに業績があがり始めた。九二年、シアーズは証券部門を売却し、大きな利益をあげた。

もしシアーズが証券の店内小売りに失敗したとき、それを単なる失敗の一つとみなさず、自らの本業の定義の陳腐化の兆候としてとらえていたならば、実際よりも一〇年は早く、しかも実質的な市場リーダーでいる間に、事業の立て直しにかかれたはずだった。なぜならば、そのときシアーズは、大規模流通業が長年にわたって戦略の基本としてきた市場の同一性という前提について、J・C・ペニーと同じ疑問を抱くことができたかもしれなかったからである。

定義を見直す

組織の蘇生というと、これまでは魔法の力をもつ奇跡の人を探すのがお決まりだった。だが事業の定義の見直しに、ジンギスカンやレオナルド・ダヴィンチはいらない。必要なのは天才ではなく、勤勉さである。賢さではなく、問題意識である。そもそもCEOとはそのための存在である。事実、事業の定義の変革に成功したCEOは多い。

メルク社のCEOは、高収入が見込める新薬の研究開発に注力することによって、大きな成功を収めた。その同じ人物が、事業の定義を変え、大衆薬の卸会社を買収して成功した。しかも彼は、業績がよいなかでこれを行った。

同じように数年前、家電メーカー、ソニーのＣＥＯが事業の定義を変え、ハリウッドの映画制作会社を買収した。ソフトを求めるハードのメーカーから、ハードへの需要を生むソフトのメーカーへと変身した。


このような奇跡を起こす人たちがいる一方で、同じように有能でありながら、組織をつまずかせる人たちが大勢いる。

われわれは、陳腐化した事業の定義の見直しを、奇跡を起こす人に頼るわけにはいかない。奇跡を起こす人に頼って病気を治療できないのと同じである。実際に奇跡を起こしたと目されている人たち自身が、カリスマ性、予知能力、超能力の類を一切否定している。

彼らは、診断と分析から始める。目的の実現や急速な成長には、事業の定義の見直しが必要であることを知っている。予期せぬ失敗を部下の無能や偶然のせいにしない。システムの欠陥の兆候と見る。逆に予期せぬ成功についても、自らの手柄とせず、自らの前提に課題が生じていると見る。

彼らは、事業の定義の陳腐化は、進行性の病、しかも生命に関わる病であるとする。彼らは、外科医のむかしからの原則、すなわち決断に関わる原則を知っている。それは、進行性の病は先延ばしにしても治らない、手術でしか治せないという原則である。

4章　NPOは企業に何を教えるか

もっとも進んだマネジメント

すでにアメリカでは、ガールスカウト、赤十字、教会などの非営利組織（NPO）が、マネジメントの面でリードしている。戦略や取締役会のあり方について、NPOは企業の世界では口先に終わっていることを実行している。知識労働者の動機づけや生産性という重要な問題についても、企業が取り入れるべき考え方や制度を生み出し、パイオニアになっている。

あまり知られていないが、今日アメリカでもっとも多くの人たちが働いている組織がNPOである。成人の二人にひとり、つまり八〇〇〇万人強が、平均週五時間、ボランティアとして働いている。これは、フルタイムに換算して一〇〇〇万人に相当する。彼らボランティアのすべてを有給と仮定すると、最低賃金で計算しても、その総額は年間一五〇〇億ドル、GNPの五％に達する。しかも、彼らボランティアの仕事の中身が急速に変わりつつある。

もちろん、技能や判断力をあまり必要としない仕事を行っている人もいる。土曜の午後を使って、地域の共同募金活動に従事している人がいる。ガールスカウトの子供たちが一軒一軒クッキーを売るのにつき添っている人、あるいは、高齢者を車で医者に連れていく人がいる。

今日では、膨大な数の人たちが、まさに無給のスタッフとして、それぞれのＮＰＯにおいて、マネジメントの仕事や専門的な仕事を引き受けている。もちろん、ＮＰＯがすべてうまくいっているわけではない。地域の病院のかなりの数が苦況にある。キリスト教の教会やユダヤ教のシナゴーグが、リベラル派、保守派、福音派、原理派を問わず、信者の数を減らしつつある。ＮＰＯ全体では、インフレ調整後の募金額やボランティアの数はさほど増えていない。それにもかかわらず、アメリカのＮＰＯは、生産性、活動範囲、社会貢献において、この二〇年間に急成長してきた。

救世軍がよい例である。フロリダ州では、その大半が貧しい黒人やヒスパニックの若者である刑の確定した初犯者が、毎年二万五〇〇〇人、救世軍の保護観察下に置かれている。統計によれば、彼らは一度服役すると、十中八九、常習的犯罪者になる。ところが救世軍は、ボランティアが中心となって運営する厳格な労働プログラムによって、八割を更生させている。そのための費用は、服役に要する費用に比べごくわずかですんでいる。

組織の使命からスタートする

救世軍をはじめ、ＮＰＯの成功の底にあるものは、マネジメントの導入である。二〇年前、ＮＰＯの関係者にとって、マネジメントは金儲けを意味する汚い言葉だった。ＮＰＯは、商業主義の汚れとは無縁であり、利益などという卑しい考えを超越していることを誇りにしていた。しかし今日、ＮＰＯのほとんどが、まさに自分たちには利益という基準がないからこそ、企業以上にマネジメントが必要なことを認識している。

もちろん、ＮＰＯは善をなすことに身を捧げる。しかし彼らは、よき意図が、組織、リーダーシップ、責任、仕事、成果に代わるものではないことを承知している。これらのことのために、マネジメントが必要であることを認識している。そして、組織のマネジメントは組織の使命からスタートすべきことを知っている。

企業がNPOから学ぶべきことの第一が、使命をもつことである。使命をもつことによって、初めて行動に焦点を合わせることができる。目標の達成に必要な戦略も明らかにすることができる。規律をもたらすこともできる。そうすることによってのみ、組織特に大組織が陥る進行性の病、すなわち、限られた資源を生産的な活動に集中せず、面白そうなことや儲かりそうなことに分散させる過ちを防ぐことができる。

一流のNPOは、使命すなわち目的の定義に力をそそぐ。よき意図に関わる美辞麗句を避け、ボランティアや有給スタッフの仕事が具体的にわかるよう目標を定め、そこに焦点を合わせる。

救世軍の使命は、アル中、犯罪者、浮浪者など、疎外された者を市民に変えることである。ガールスカウトの使命は、少女たちが自信をもち、自他を尊敬する有能な女性に成長する手助けをすることである。自然保護団体、ネイチャー・コンサーヴァンシーの使命は、生物の多様性を守ることである。

成果に焦点を合わせる

一流のNPOは、経営環境、コミュニティ、潜在顧客からスタートする。多くの企業に見られるように、内部の世界、すなわち組織や利益からスタートすることはない。

イリノイ州のシカゴ郊外サウス・バーリントンにあるウィロウクリーク・コミュニティ教会は、一万三〇〇〇人の信者を抱えるアメリカでも最大級の教会である。ビル・ハイベルズ師が二〇代の初めに建ててから一五年しかたっていない。彼がこの町を選んだのは、教会の数が多く、人口が急速に増えていたにもかかわらず、教会に行く人があまりに少ないためだった。彼は教会に行かない理由を聞いてまわり、そのうえで、彼ら潜在顧客のニーズに応える教会をつくった。

日曜は子供と過ごす親のために、水曜の夜も正規の礼拝を行った。「お話を実践するために車のなかでも繰り返し聴きたい」との要望に応えるために、説教のテープを当日もちかえられるようにした。「生活を変えよと言われるが、どのように変えたらよいのかを教えてもらったことがない」との指摘に応えるために、説教は、具体的な行動を示すことで締めくくることにした。

一流のNPOは、顧客を探すためだけでなく、自分たちがどの程度成功しているかを知るために、外の世界に目を向ける。使命を明らかにすることによって、外の世界への認識も深まる。そもそもNPOには、大義に満足し、よき意図をもって成果に代える傾向がある。したがって、成果をあげて成功するには、いかなる変化を外の世界に起こすことを自らの成果とするかを明らかにし、そこに焦点を合わせなければならない。

使命を明らかにし、成果に焦点を合わせることがいかに重要かを教えているのが、アメリカ南西部のあるカトリック系の病院チェーンである。この病院は、メディケア（高齢者向け医療保障）からの収入の減少と入院期間の短縮化傾向にもかかわらず、治療と看護の水準の向上によって、収入を一五％伸ばしている。

この成果は、自分たちは医療、特に貧しい人の医療に従事しているのであって、単に病院を経営しているだけではないとのCEOの修道女の考えからもたらされている。病院のほとんどが、経済的な理由だけでなく医療上の理由からも不振に陥っているなかにあって、このチェーンは、変化に抵抗するどころか、むしろその変化に乗り、自ら、救急手術センターやリハビリセンターの設立、レントゲンその他検査のネットワーク化、HMO（医療保険組合）の結成を進めている。彼らのモットーは、「患者の利益になることならば行うべきである。その収支を合わせることが自分たちの仕事である」というものである。まさにこのモットーによって、このチェーンの病院はつねに満員になっている。病院の外につくった施設が大盛況であって、そこから送り込まれてくる紹介患者が絶えないからである。

もちろん、これは優れた日本企業のマーケティング戦略でもある。欧米の企業の考え方や、行っていることとは大いに異なる。違いは、その病院チェーンが、自分たちが得るべきものからではなく、外の世界つまり市場にもたらすべきもの、すなわち使命からスタートしているところにある。使命を明らかにすることによって、伝統にこだわることなく、革新的なアイデアを実行に移せるようになっている。

ガールスカウトが何年か前に始めた五歳児用プログラムのデイジースカウトがよい例である。それまでの七五年間、ガールスカウトへ参加するには、ブラウニースカウト（幼年団）の参加年齢である小学一年まで待たなければならなかった。それまでガールスカウトは、この伝統を当然としていた。ところが、社会は大きく変化し、鍵っ子が急速に増えていた。しかも彼らは、テレビのおかげで一世代前の子供たちよりませていた。

今日デイジースカウトの会員は、一〇万人を超えてさらに増えつつある。政府の金のかかるさまざまなプログラムを含め、未就学児を対象とするこの二〇年間のいかなるプログラムよりも成功している。今日のところ、社会の変化とテレビの影響という新しい現実を、機会としてとらえた唯一のプログラムになっている。

取締役会の手本とすべき理事会

さらにNPOの多くが、企業ではいまだ稀有というべきものをもっている。すなわち、取締役会に相当するものとしての機能する理事会である。NPOのいくつかは、さらに稀なものをもっている。すなわち、この理事会に対して責任を負い、理事会内の小委員会によってその仕事ぶりが評価されるCEOである。加えて、もう一つ稀なものをもっている。すなわち、事前に設定された基準に照らして、自らの仕事ぶりを評価する理事会である。

したがって、企業がNPOから学ぶべき第二のものが、取締役会のあり方である。法的には、取締役会は企業の統治機関である。マネジメントの大家たちも、取締役会の強化を説いてきた。ところが、アメリカの大企業のトップは、すでに半世紀以上にわたって、取締役の役割、権限、独立性を削り続けてきた。過去数十年に起きた大企業の倒産劇のいずれにおいても、事態の悪化を最後に知らされるのが取締役会だった。

あるべき取締役会の姿を知るには、他の上場企業を見るよりもNPOを見たほうがよい。ただし、NPOの理事会が今日のようなものになったのは、多分にその歴史に負うところが大きい。NPOは、むかしから理事会が自らマネジメントしてきた。あるいは、しようとしてきた。ところがやがて、月に三時間だけの非常勤の理事がマネジメントするには、組織と活動が大きく複雑になりすぎ、常勤のプロによってマネジメントされるようになった。

アメリカ赤十字は、世界最大のNPOであって、きわめて複雑な大組織である。世界中の災害救助に関わり、血液バンクに加えて骨髄バンクや皮膚バンクを運営する。心臓や呼吸の蘇生トレーニングを行い、学校で応急手当の訓練を行う。そのアメリカ赤十字が、一九五〇年まで有給の責任者をもたなかった。専任のCEOを迎えたのは、レーガンの時代に入ってからだった。

プロのCEOを擁するようになっても、NPOの理事会のほとんどは、企業の取締役会のように無力化されることがなかった。CEOがどれほどそれを望もうと、理事会がCEOの言いなりになることはなかった。

その一つの原因は資金である。上場企業の取締役が自らその会社の大株主であることはあまりないが、NPOの理事の多くは自ら多額の寄付をしており、寄付してくれる者を連れてくる。もう一つの原因は、理事の多くが、NPOの使命に個人的に献身していることである。教会や教育を大事に思わないかぎり、信徒代表や学校の理事にはならない。さらにもう一つの原因は、企業の社外取締役と違い、NPOの理事は、自身がボランティアとして長年奉仕し、NPOの仕事に詳しいことである。

まさにNPOの理事会は、献身的かつ行動的であるがゆえに、CEOと対立しやすい関係にある。摩擦も大きい。NPOのCEOは、理事会が干渉しすぎるとこぼす。理事会は、CEOの率いるマネジメントが、理事会の領域を不当に侵害するとこぼす。その結果今日では、NPOの多くが、理事会とCEOのいずれも、他方のボスとなってはいけないことを学ぶにいたっている。彼らは、同じ使命のために、異なる役割をもつ仲間である。さらに、理事会とCEOそれぞれの役割を明らかにすることは、CEOの責任であることを学ぶにいたっている。

理事会を有効なものとする鍵は、その役割について論じることではなく、その仕事を組織化することである。事実、すでにNPOの多くが行っている。私が知っているだけでも、一般教養課程の単科大学五、六校、ある大きな神学校、研究機能をもつある大病院、いくつかの大美術館がある。

危惧されていたように、取締役会の弱体化によって、企業のマネジメントは強化されるどころか、脆弱化した。仕事や成果についてのマネジメントの責任が曖昧になった。今日、CEOの仕事ぶりについて、事前に設定した目標に照らしてチェックしている取締役会は稀である。そのため、マネジメントは、外部から攻撃にさらされても、取締役会からの効果的かつ信頼できる支援を期待できなくなった。最近の相次ぐ敵対的買収において示されているとおりである。

マネジメントの能力を回復するには、取締役会を活性化しなければならない。それはCEOの責任である。すでに、そのための初歩的な措置がいくつか見られる。多くの企業で、監査委員会が、体裁ではなく本当の責任を負うようになっている。大企業ではないがいくつかの企業で、取締役会が、CEOの後継や経営陣の選任に関して小委員会を設けている。それらの委員会は、定期的に経営幹部と面接し、仕事ぶりや計画について話を聞いている。

しかし私は、取締役会自身とその仕事ぶりを評価している企業を、まだ一社も知らない。大手のNPOでは日常的になっている理事の訓練に相当するもの、すなわち取締役の訓練を行っている企業も知らない。

無給だからこそ満足を求める

かつてNPOは、ボランティアは無給だから指示できないと言っていた。ところが今日では、ますます多くのNPOが、ボランティアは無給だからこそ、大きな貢献をなし、仕事に満足してもらわなければならないとしている。

ボランティアの中核が、善意のアマチュアから、スペシャリストとしての無給のスタッフに移行したことは、NPO自身にとって大きな変化であるだけでなく、企業にとっても大きな意味をもつ。

その典型が、中西部のあるカトリック司教区である。司祭や修道女の数は、一五年前の半分以下である。しかしその活動は大きく拡大し、特にホームレスや麻薬患者の救済などの活動は、倍の規模になっている。もちろんこの司教区にも、祭壇に花を活けるアルダーギルドのような伝統的なボランティアがいる。しかし同時に、慈善事業をマネジメントし、付属学校の管理を行い、青少年向けのプログラムや、大学のニューマンクラブ（改宗者クラブ）、さらには黙想会を運営するために、二〇〇〇人もの無給のスタッフがパートで働いている。

南部バプティストのもっとも古い大教会の一つであるバージニア州リッチモンドのファースト・バプティスト教会でも、同様の変化が起きている。この教会も、五年前にピーター・ジェイムズ・フラミング博士が引き継ぐまで、都市部の他の教会と同じく、衰退の一途をたどっていた。ところが今日では、再び四〇〇〇人の信者を有し、教会内の各部会の活動はもとより、一〇指にのぼる支所を運営している。この教会には、有給の者は九人しかいない。ところが、四〇〇〇人の信者のうち実に一〇〇〇人が、無給のスタッフとして働いている。

これらの変化は、ある程度、必要に迫られてのものである。アメリカでは、すでに成人の半数近くがボランティアとして活動している。したがって、これ以上の数の増加はあまり期待できない。資金も不足しており、有給のスタッフを増やすことはできない。増加しつつあるニーズに応えて活動を増やしたければ、ボランティアをより生産的な存在にし、より多くの仕事と責任を与えるよりほかない。

しかし実は、ボランティアの役割の変化は、ボランティア自身から発している。今日のボランティアは、そのますます多くが、マネジメントの仕事や専門的な仕事に従事する教育を受けた人たちである。たとえば、彼らは五〇代の退職直前の人たちである。あるいは三〇代半ば、四〇代のベビーブーム世代の人たちである。彼らは、単なる助手であることには満足しない。

生計の資のための仕事においても、彼らは知識労働者である。社会貢献のための仕事、すなわちボランティアの仕事においても、知識労働者たることを欲する。NPOが、彼らを引きつけ、とどまらせるには、彼らの能力や知識を活用しなければならない。意義ある成果をあげる機会を提供しなければならない。

無給スタッフが必要とするもの

事実、今日のNPOの多くは、そのような人たちを確保するために計画的に求人と訓練を行っている。古参のボランティアが、リーダーの資質をもつ人たちを発掘し、より重要な任務を引き受けるよう説得する。ある者は、新しい信者や初めて募金を手伝ってくれた人など、新規参加者について調べる役目を割り当てられる。その後、有給のスタッフや古参のボランティアが、彼ら新人の強みを調べ、適切な仕事を割り当てるために面接する。新人のボランティアには、目標を達成するために一緒に働く助言者や監督者をつける。いずれもボランティアである。

三五〇万人の少女たちを抱え、七三万人のボランティアを擁しながら、有給スタッフわずか六〇〇〇人というガールスカウトも、そのような方法をとっている。新人ボランティアの最初の仕事は、週に一回、ミーティングに集まる少女たちを車で送り迎えすることである。次の段階は、彼女たちがクッキーを一軒一軒売って回るときに付き添ったり、ブラウニースカウトのキャンプ旅行のリーダー補佐を務めることである。

こうした一歩ずつのプロセスから、やがて地方支部の理事会のメンバーが生まれ、さらに全国理事会のメンバーが生まれていく。しかも最初のステップから、古参ボランティアが指導する訓練プログラムに参加することが義務づけられる。そして、段階ごとに仕事の目標と基準が定められる。

では、彼ら無給のスタッフが求めているものは何か。いつでも去ることのできる彼らをとどまらせるものは何か。

彼らが求めているものは、第一に、活動の源泉となるべき明確な使命である。

ある大手地方銀行の部長を務める女性は、小さな子供二人を抱える母親である。その彼女が、最近、ネイチャー・コンサーヴァンシーの州支部長を引き受けた。このNPOは、生態系が危機に瀕している土地を見つけ、買い取り、管理している。なぜそのような重責を引き受けたのかを聞いたところ、「銀行の仕事は好きだ。銀行にも使命はある。しかし、具体的に何に貢献しているのかが実感できない。ネイチャー・コンサーヴァンシーでは、何のために働いているかを実感する」と答えた。

彼らボランティアという新しい種類の人たちが、第二に必要としているものが訓練である。訓練、訓練、そして訓練である。ありがたいことに、すでに古参になったボランティアに再びやる気を起こさせ、引き止めておくうえでもっとも効果的な方法が、彼ら古参の能力を認め、それを新人教育に使わせることである。

ボランティアとしての知識労働者が、第三に求めているものが責任である。特に、自らが目標を検討し設定する責任を与えられることである。彼らは、自らの仕事や組織全体に影響を与える意思決定に際して、意見を述べ、参画することを求める。しかも彼らは、実績によって証明された自らの能力に応じて昇進することを求める。すなわち、より困難な仕事と責任を求める。これが、ＮＰＯの多くが、ボランティアに階層を設けている理由である。

ボランティアの活動すべてを支えるものが責任である。彼らボランティアとしての知識労働者は、自らの成果が、少なくとも年に一回、事前の目標に照らして評価されることを求める。しかも彼らは、成果をあげていない者は、能力に見合った別の任務に移すなど、その任務を解くことを求める。

アメリカ中西部の司教区でボランティアを担当しているある司祭は、「海兵隊の新兵訓練よりもきついはずだが、それでもボランティアの順番待ちは四〇〇人いる」という。

中西部にあって規模を拡大しているある大美術館では、理事、募金係、解説係、ニュースレターの編集係などのボランティアに対し、毎年、目標を立てさせ、その目標に照らして自己評価を行わせ、二年続けて達成できなければ辞めるよう求めている。いくつかの大学で活動しているあるユダヤ人組織も、ボランティアに対し、同じことを求めている。

今日では、専門的な能力をもつボランティアが特に重要な存在となっている。全ボランティアの一割を占める程度にすぎないが、その数は増えつつあり、しかもより重要なこととして、役割を増大させている。ある大教会の牧師は「この教会には、平信徒はいない。わずかな数の有給の聖職者と、大勢の無給の聖職者がいるだけである」と言っている。これと同じことを言うNPOは多い。

やりがいの問題——企業への警告

ボランティアから無給の専門スタッフへという変化は、アメリカ社会におけるもっとも重要な変化である。今日、家族やコミュニティの崩壊や解体、価値観の喪失が言われている。大きな問題である。しかし今日、NPOが、これに抗する強力な流れをつくりつつある。NPOが、コミュニティの絆を生み出し、行動する市民性や、社会的な責任や、価値に対する献身をもたらしつつある。

ボランティアのNPOへの貢献と同じように、NPOのボランティアに対する貢献が重要な意味をもつ。まさにそれは、宗教、教育、福祉など、NPOがコミュニティに提供するサービスと同じように重要である。

この変化は、企業にとっても、明快な教訓となる。なぜならば、知識労働者の生産性を向上させることは、アメリカのマネジメントにとって、今日最大の課題だからである。NPOが、それをどのように行うべきかを教えている。それは、使命を明らかにし、人材を的確に配置し、継続して学習を施し、目標によるマネジメントを行い、要求水準を高くし、責任をそれに見合うものとし、自らの仕事ぶりと成果に責任をもたせることである。

ボランティアの仕事の性格が変化したことには、企業への明確な警告が込められている。私が教えている経営幹部向けの講座には、銀行、保険、大規模小売りチェーン、航空宇宙関連会社、コンピュータ関連メーカー、不動産開発会社など、いろいろな企業の人たちがいる。そのほとんどが、教会や母校の理事会、スカウト、ＹＭＣＡ、地域の共同募金、オーケストラなどでボランティアとして働いている。理由を聞くと例外なく、「企業の仕事はやりがいが十分でなく、成果や責任が十分でない。使命も見えない。あるのは利益の追求だけ」との答えが返ってくる。

Part 3

マネジメントの責任

1章　企業の所有者が変わった

年金基金の台頭

一九七六年に私が命名した「見えざる革命」が、今日では誰の目にも見えるほどに、アメリカにおける企業所有の実態を変えた。上位二〇の年金基金（うち一三は、州、地方自治体、NPOの従業員基金）が、上場企業の株式の一割を保有している。年金基金を中心とする機関投資家全体では、大企業とかなりの数の中堅企業の株式の約四割を保有している。しかも、最大の年金基金たる公務員年金基金が、もはや受け身の投資家に甘んじなくなっている。取締役の任命、経営陣の報酬、定款変更について、拒否権などの権利を行使している。

同じように重要でありながら見過ごされていることとして、年金基金が、アメリカの大企業の中長期債の約四割を保有するにいたった。つまり、それら機関投資家は、企業国家アメリカの最大の所有者であると同時に、最大の債権者ともなった。財務の教科書が指摘しているように、債権者の力は、所有者の力に匹敵し、ときにはその力を上回る。したがって年金基金が、支配的な所有者かつ債権者として登場してきたことは、経済史上最大の権力構造の変化を意味する。

最初の近代的年金基金は、一九五〇年にGMによって設立された。今日、年金基金は、普通株式と確定利付証券によって二兆五〇〇〇億ドルの総資産を支配している。しかも人口構造は、この資産が今後も成長していくことを保証している。よほどの景気後退がないかぎり、年金基金は、毎年一〇〇〇億ドルから二〇〇〇億ドルの新たな資金を投資に回す。

実は、この権力構造の変化を正面から認めなかったことが、近年の敵対的買収、LBO、企業再編など、アメリカの金融と資本の乱気流の大きな要因となった。ここでわれわれは、二つの問題に注意を向けなければならない。一つは、アメリカの新しい所有者つまり年金基金は、企業のマネジメントに対し、いかなる責任をもたせなければならないかという問題である。もう一つは、その責任を果たさせるためにはいかなる組織構造を実現しなければならないかという問題である。

もはや投資家ではない

年金基金が、アメリカの株式資本の主たる所有者として登場したのは、一九七〇年代の初めである。しかし、その後実に一五年ないし二〇年にわたって、年金基金による所有という現実は無視された。一つには、年金基金自体が所有者となることを欲しなかったためである。彼らは受け身の短期的な投資家であることを欲した。「会社を買収するわけではない」「すぐ売れる株だけを買う」と言っていた。

しかも年金基金の成長は、アメリカの伝統とアメリカ経済の構造に関して誰もが当然と考えていたこと、いまも多くの人々が当然と考えていることに反していた。年金基金が株式資本の最大の保有者となってからも長い間、アメリカは、大企業の株式を数百万の株主が所有する大衆資本主義の国とされてきた。たしかに、アメリカでは従業員が生産手段の所有者となっている。しかし、それは大規模な受託者を介してである。

今日、ようやく霧が晴れつつある。年金基金という受託者、特に公務員を代理する受託者は、自分たちがもはや投資家ではないという事実に目覚めつつある。定義によれば、投資家とは、株式を売却できる者である。小さな年金基金であれば、持ち株を売却できる。しかしそれら小さな年金基金の所有分は、年金基金資産全体の四分の一程度にすぎない。ところが中規模以上の年金基金となると、その持ち株はかなりの規模となり、もはや簡単に売ることはできない。他の年金基金が買ってくれないかぎり、売れない。市場に吸収させるには、額が大きすぎる。機関投資家の間で取引する以外に、処分の道はない。

いまやアメリカの年金基金は、取引先企業に対するドイツのメインバンクや、系列企業に対する日本企業と同じように、投資先の企業に全面的にコミットしたも同然である。いまやアメリカの年金基金も、メインバンクシステムをつくりあげたドイツ銀行の創設者ゲオルグ・ジーメンスが、一〇〇年前に、窮迫した取引先企業の面倒を見すぎるとの批判に対して言った「株を売れないなら、面倒を見ざるをえない」との言葉の意味を理解するにいたっている。

とは言っても、年金基金は、一九世紀の所有者のように、自らが企業のマネジメントとなることはできない。しかも企業は、権限と能力をもつ強力で自立したマネジメントを必要とする。

成果と仕事に対する責任

こうして年金基金は、新たな所有者として、企業が適切なマネジメントを行っているかどうかを確かめなければならなくなった。過去四〇年間に明らかになったように、マネジメントは明確な責任をもたなければならないし、その責任の遂行が制度的に担保されていなければならない。責任は、善き意図に対してではなく、仕事と成果に対してもたされなければならない。責任が決算にとどまらないことは明らかであっても、財務上の責任は含んでいなければならない。

多くの人が、企業の仕事や成果は自明であるという。もちろん明らかでなければならない。仕事と成果を明確に定義することは、効果的なマネジメントと、利益のあがる所有権にとっての前提条件である。事実、第二次大戦後の四〇年間において、二つの定義が提起された。しかしそのいずれも、時の試練には耐えられなかった。

利害当事者のためのマネジメント

最初の定義は、ちょうど今日の年金基金が生まれた一九五〇年ころ行われた。当時の代表的なプロの経営者、GEのCEOラルフ・コーディナーは、上場企業のトップマネジメントは、受託者であるとした。その責任は、「株主、顧客、従業員、供給業者、工場所在地の地域社会の間の、利害をバランスさせる」ことであるとした。今日のいわゆるステークホルダー（利害当事者）の考え方だった。

しかしコーディナーの答えでは、成果の定義も、「バランスさせる」ことの意味も曖昧だった。マネジメントに仕事と成果に対する責任を果たさせるための責任構造も示されていなかった。これでは、プロのマネジメントは啓蒙専制君主となる。賢王にせよ、CEOにせよ、仕事もできなければ長続きしようもない。

コーディナーの世代やその後継のマネジメントたちは、いかなる仕事ぶりと成果がバランスを生むかを定義せず、責任の構造も明らかにしなかった。その結果、この一九五〇年代型のマネジメントは、仕事もできず長続きもしなかった。コーディナー型のマネジメントに対する強烈な攻撃となったものが、一九七〇年代後半以降の敵対的買収の頻発だった。コーディナー型のマネジメントは、次々と倒されていった。マネジメントの方法を大幅に変えるか、少なくとも理論づけは変えざるをえなくなった。今日、私の知るかぎり、利害当事者の利益をバランスさせるべく企業をマネジメントしていると言っているトップマネジメントは、一つもない。

この変化を加速したものが年金基金だった。議決権が特定の年金基金に集中することなく、また、年金基金が敵対的買収を支援することがなければ、そもそも乗っ取り屋は攻撃をしかけることさえできなかったはずである。数百万もの分散した個人株主の支持をとりつけるのでは、時間も金もただちに尽きる。

たしかに、年金基金の管理者も、乗っ取りが企業に及ぼす影響、経済的な価値については疑念を抱いていた。年金基金の管理者、特に自らも公務員である公務員年金基金の基金管理者は、グリーンメール（プレミアム付き株式買取り）や、乗っ取り屋の稼ぐ巨万の富に対し、道義的にも心情的にも疑問を抱いていた。しかし彼らに選択の余地はなく、乗っ取り屋に株式を提供せざるをえなかった。

あらゆる年金基金が同じように行動した。彼らは、年金基金は株式を売却することができるという考え、つまり投資家であるという幻想をもっていた。乗っ取りは、売却益を提供してくれる。年金基金の運用は、概して成績がよくない。売却益はありがたい。しかしそのような売却益も、結局は幻想であり、現実ではないことが明らかになった。

乗っ取りを避けられなくしたもの、あるいは、乗っ取りの機会を生じさせたものは、啓蒙専制君主たるマネジメント、すなわち仕事と成果について明確な定義をもたず、誰に対しても明確な責任をもたないマネジメントの凡庸な仕事ぶりだった。アメリカの大企業の多くが、この三〇年間、凡庸な仕事しかできなかったのは、アメリカの貯蓄率を低く抑え、資本コストを高いものにした誤った経済政策によると釈明することはできる。しかし士官たる者は、当直中に生じたことに責任がある。いかに理由をつけて弁解しても、アメリカの大企業のマネジメントが、競争力、市場における地位、イノベーションの成果について、プロとしての責任において合格点をとれる仕事を行ってこなかったことは事実である。財務上の成果を見ても、資本コストという最低限の利益すら稼いでいなかった。

こうして、乗っ取り屋は求められる機能を果たした。「墓掘り人がいなければ、はげ鷹が出てくる」。しかし、乗っ取りは大手術である。命には関わらなくとも、深刻なショックを与える。企業の成功は知識労働者のやる気と努力と忠誠心によっている。しかるに乗っ取りは、その知識労働者を疎外し、その権利を侵害する。長年勤めてきた企業の乗っ取りとその解体は、知識労働者に対する裏切り以外の何ものでもない。それは、生産的かつ献身的に働くうえで必要な信ずべきことをすべて否定する。しかも乗っ取られたあと、経営がよくなった企業はほとんどない。

それでも乗っ取りは、少なくとも株主にとってはよいことだろうか。ほとんどの場合そうではなかった。代表的な取引を見ると、株主は、株価が四〇ドルであれば、六〇ドルを受け取る。だが、この五割の余得は幻想にすぎない。六〇ドルのうち二五ドルは、現金ではなく、株式転換ワラントや無担保債やジャンクボンドで渡される。それら現金でも証券でもないものは、急速に価値を失っていく。そこで年金基金は、その減価していく紙切れを急いで売却する。売却先は、年金基金をはじめとする他の機関投資家しかない。他に買い手はいない。このように、財務上の価値さえ、年金基金全体にとっては疑わしいものでしかない。

株主のためのマネジメント

今日、アメリカの大企業のCEOのほとんどが、「シェアホルダー（株主）の利益」「株主にとっての価値」を最大化するために企業をマネジメントしているという。過去四〇年間に得られたマネジメントの仕事と成果に関する第二の定義である。「利害当事者の利益をバランスさせる」とのコーディナーの言葉ほど格好よくはないが、現実的である。しかし、この定義の寿命はさらに短い。「株主にとっての価値」を最大化するということは、半年あるいは一年以内に株価を高くすることを意味する。それ以上の長期ではありえない。しかしそのような資本利得は、企業にとっても大多数の株主にとっても、誤った目標である。「株主にとっての価値」を最大化することは、永続しえない。

そのような短期的な発想の弊害は、論ずるまでもない。しかも、売却することのできない株式保有者にとっては、短期の資本利得は利益とはならない。大規模な年金基金にとって大切なことは、年金加入者が、拠出者から受給者に転ずるときの保有株式の価値である。年金基金の投資期間は、加入者が退職するまでの期間であって、三か月や半年ではなく、平均一五年である。これが彼らにとって重要な期間である。

ところが、ここに短期の資本利得によって利益を得る、あるいは少なくともそう考えている人たちがいる。受給額確定型プランをもつ雇用主である。実は今日まで、これら雇用主の利益が、年金基金の株式保有者としての役割を規定してきた。受給額確定型の年金プランでは、退職した加入者は、退職前三年から五年の平均賃金の一定割合を毎年受け取る。そのため雇用主の年間拠出額は、基金の資産額の増減によって変動する。資産価値が保険数理上の金額を上回れば、雇用主の拠出額は減額される。下回れば、増額しなければならない。

この受給額確定型年金は、必然の産物ではない。一九五〇年にＧＭのマネジメントが年金基金の創設を提案したとき、取締役の何人かが、組合に譲歩しすぎるとして強く反対した。その彼らが納得したのは、受給額確定型の年金プランならば、企業側はほとんどあるいはまったく拠出する必要がなくなると約束されたからだった。株式市場の上昇により、年金を支払うために必要な資産が創出されていくということだった。そして民間の雇用主の多くが、自分たちに代わって株式市場が年金基金への拠出義務を肩代わりしてくれるという幻想の下に、ＧＭのモデルに追随した。言うまでもなく、それは希望的観測にすぎなかった。

受給額確定型年金基金は、概して運用成績がよくない。短期の資本利得を追い回してきたためである。むしろ、雇用主が、従業員の年間給与もしくは賃金の一定割合を毎年拠出する拠出額確定型年金基金のほうが、運用成績がよい。事実、前者は急速にその魅力を失いつつある。約束した資本利得をもたらさず、多くが積み立て不足にある。しかも今後は、新たな会計基準が導入されるため、過小積み立てては、雇用主たる企業の損益計算書に負債として計上しなければならない。これは、たとえ緩やかな景気後退であっても、企業収益と株価の双方が下がるために、多くの企業が、破産にいたらないまでも、その瀬戸際まで追い詰められることを意味する。今後は、年金基金の保険数理上の余剰を吸いあげて損益計算書に利益として計上することも許されなくなる。

こうして、受給額確定型年金をやめる企業が増えつつある。近い将来、この種の年金は少数派になるはずである。その結果、短期の資本利得は、年金基金にとって支配的な目的ではなくなる。今日、すでに受給額確定型年金は脇役でしかない。公務員基金は、拠出額確定型年金である。大規模年金の多くは、この公務員基金である。民間企業の年金基金ではなく、それら公務員の年金基金が、投資先のマネジメントから独立した新しい主役として、新しいシナリオを描きつつある。

しかもわれわれは、もはや、大企業の仕事と成果の定義について理論化を試みる必要はない。すでに成功の事例がある。ドイツ企業や日本企業でも、所有権は機関投資家に集中している。いずれの国でも、彼ら所有者は自らマネジメントを行ってはいない。しかしいずれの国の産業も、第二次大戦の敗戦による荒廃後の四〇年間うまくマネジメントされていた。国の経済全体が成功していた。株主にとってもうまくマネジメントされていた。

「富の創出能力」を最大化する

では、ドイツや日本の産業を所有する機関投資家は、マネジメントの仕事と成果を、どのように定義していたのか。具体的な方法は異なるが、両者の仕事と成果の定義は同じだった。彼らは、何ものも「バランス」させようとはしなかった。最大化させようとした。同時に、株主の持ち株の株価や、その他特定のいかなる利害当事者の短期的な利益も最大化させようとはしなかった。「富の創出能力」を最大化させようとした。この目標こそ、短期と長期の成果を統合し、マーケティング、イノベーション、生産性、人材育成などのマネジメントの成果を財務上の成果に結びつけるものである。そしてこの目標こそ、株主、顧客、従業員などあらゆる利害当事者を満足させるうえで必要なものである。

成果の定義を「富の創出能力」とすることは、明確でないと指摘されるかもしれない。たしかに、書式に記入するだけで答えが得られるものではない。稀少な資源を不確実な未来に投入するというマネジメント上の意思決定は、リスクを伴い、判断も分かれる。事実、ラルフ・コーディナーが初めて成果を定義しようとした時代には、「富の創出能力」といっても、曖昧にならざるをえなかった。しかし、その後四〇年にわたる研究の結果、今日ではきわめて明確になっている。あらゆる要素が、かなりの正確さをもって定量化できる。日本の大企業やドイツの銀行では、専門家としての企画調査部門が定量化している。

この概念の明確な定義へ向けての第一歩が、企業活動にとって鍵となる八つの目標について概説した私の『現代の経営』（一九五四年）だった。それらの目標あるいはその若干の変形は、今日にいたるも、日本企業では事業計画の出発点になっている。この私の著作の後、マネジメントの分析家たちが、それらの目標を具体的な仕事に転換するための方法について膨大な作業を行っている。

もちろん、それらの目標すべてを統合するものが財務上の目標である。まさしく財務上の責任こそ、マネジメントの仕事ぶりにとって鍵となるものである。財務上の責任なくして、いかなる責任もありえない。いかなる成果もありえない。

これは、究極の回答ではない。しかし、単なる理論ではなく実証された経験である。利害当事者のための受託者としてのマネジメントや、短期の資本利得を最大化するためのマネジメントよりも優れた結果を出している。

マネジメントの仕事ぶりを評価する

しかしアメリカには、解決しなければならない問題がもう一つある。それは、このマネジメントの責任についての定義を、いかにして制度的な構造に組み込むかという問題である。

最大の年金基金さえ、ごくわずかな株式しか保有していないため、特定の企業を支配することはできない。アメリカの法律は賢明なことに、いかなる企業の株式についても最大五％の保有しか許可していない。しかも、上限近くまで株式を保有している基金はほとんどない。

そのうえ、年金基金は投資先企業の取引先ではない。取引を通じて業務上の情報を入手する立場にはない。そもそも年金基金は、事業自体には関心がない。関心のもちようもない。彼らは資産の管理者である。しかし年金基金といえども、年金基金が集団として支配している企業については、徹底した業務分析を必要とする。そして、それらの企業におけるマネジメントの責任を制度化する何らかの仕組みを必要とする。

　こうして、やがて事業監査と呼ぶべき分析が、独立した専門機関で行われなければならなくなる。コンサルタント会社のなかには、すでにそのような事業分析を臨時的に引き受けているところがある。大手会計事務所のなかにもすでにこうした分析を行っているところがある。会計事務所の一つＫＰＭＧピート・マーウィックは、すでにＮＰＯに対し、資源開発システムと呼ぶ体系的な事業監査を提供している。いくつかの会計事務所は、年金基金、特に公務員年金基金に対し、投資先について助言を行っている。

　やがて、現在会計事務所が行っている財務監査に似た事業監査が発展する。三年に一度ぐらいで十分だろうが、事前に定められた基準に基づき、使命と戦略の見直し、マーケティング、イノベーション、生産性、人材育成、社会的責任、利益についての監査が行われるようになる。すでにそのような事業監査の項目は明らかであり、実行は可能である。必要なことは、それらの項目を体系的な手順にまとめることである。もちろんこの仕事は、事業監査に特化した外部の組織で行われる。

　一〇年後には、主要な年金基金が、外部の専門事務所による事業監査を受けていない企業の株式や社債には投資しなくなると予想することは、さほど的外れではない。もちろん、企業のマネジメントは抵抗するだろう。だがつい六〇年前も、企業のマネジメントは、外部の公認会計士による財務監査とその結果の公開に対し、憤慨して抵抗していた。

　しかし、問題はさらに残る。誰がこの道具を実際に使うかである。答えは一つしかありえない。活性化した取締役会である。効果的な取締役会の必要性については、この四〇年間ずっと強調されてきた。企業、特に大企業のマネジメントは、企業を運営していくうえで、相当の権力を必要とする。しかし責任を伴わない権力は、弛緩か専制、多くの場合その双方を招く。しかも今日、取締役会を企業の統治機関として効果的なものにする方法は明らかになっている。有能な人材が鍵ではない。普通の人間で十分である。取締役会を効果的にするには、取締役会の仕事を規定し、その仕事ぶりと貢献について具体的な目標を設定し、実際の仕事ぶりを定期的に評価していけばよい。

このことは、かなり前から明らかになっていた。ところがアメリカ企業の取締役会は、より効果的な存在になるどころか、むしろ無意味な存在になってきていた。単に、よき意図を代表しているだけでは、効果をあげることはできない。取締役会は、その企業にコミットする強力な所有者を代表するとき、初めて効果をあげることができる。

アドルフ・A・バーリ・ジュニアとガードナー・C・ミーンズは、アメリカの企業史上最大の影響力をもった著作『近代企業と私有財産』（一九三二年）において、企業の所有権が、投資先企業のマネジメントに関心をもたず、コミットもせず、短期の資本利得にのみ関心をもつ膨大な数の無名の投資家へ移行するに伴い、一九世紀型の資本家が消滅していくことを明らかにした。その結果、所有権が支配権から分離し、法的な擬制となり、マネジメントが責任を負うべき対象がなくなると論じた。その二〇年後、ラルフ・コーディナーがプロのマネジメントと呼んだものが、この変化を利用した。

いまや、車輪は一回転してもとの位置に戻った。年金基金は、一九世紀の大富豪とは異質の所有者である。年金基金は、企業の所有者になりたくてなったわけではない。他に選択の余地がなかったから所有者になった。年金基金は、保有する株式を売却できない。といって、オーナー経営者にもなれない。にもかかわらず、企業の所有者である。したがって、年金基金はそのような存在として、権力以上の責任をもたされている。それは、アメリカのもっとも重要な存在としての大企業の仕事ぶりと成果を確実なものにするという責任である。

2章 いかにして社会的責任を果たすか

組織の存在理由

社会的責任の問題は、企業、病院、大学のいずれにせよ、二つの領域において発生する。第一に、それぞれの組織自身が社会に与える影響から発生する。第二に、社会自体の問題として発生する。いずれも、組織が社会や地域のなかの存在である以上、マネジメントにとって重大な関心事たらざるをえない。しかしこの二つの責任は、まったく異質のものである。前者は、組織が社会に対し行ったことに関わる責任であり、後者は、組織が社会のために行えることに関わる責任である。

現代の組織は、それぞれの分野において、社会に貢献するために存在する。したがって、それは社会のなかに存在する。地域のなかに存在する。隣人として存在する。社会のなかで活動する。そのために人を雇う。組織が社会に与える影響は、それぞれの存在理由とする社会への貢献にとどまりえない。

病院の目的は、看護師や料理人を雇うことではない。患者の世話をすることである。だが目的を達成するには、看護師や料理人を必要とする。するとただちに、職場社会なるものが発生する。特殊鋼工場の目的は、騒音を出しガスを出すことではない。顧客のために高性能の金属をつくることである。しかしその目的を達成するには、騒音を出し、熱を出し、煙を出す。これら社会に与える影響は、組織の目的に付随して起こる。多くの場合、避けられない副産物である。

これに対し社会の問題は、組織とその活動が与える影響からではなく、社会そのものの機能不全から起こる。しかし組織は、社会のなかにおいてのみ存在する。そもそも組織は社会の機関である。したがって、組織は社会そのものの問題から影響を受けざるをえない。地域社会が何ら問題視せず、かえって問題と取り組むことに抵抗するとしても、社会の問題は組織にとって関心事たらざるをえない。なぜならば、健全な企業、大学、病院は、不健全な社会では機能できないからである。マネジメントが社会の病気をつくったわけではないが、社会が健康であることは、組織のマネジメント自身にとって不可欠である。

社会に与える影響に対する責任

故意であろうとなかろうと、自らが社会に与えた影響については責任がある。これが第一の原則である。社会に与える影響については、いかなる疑いの余地もなく、その組織のマネジメントに責任がある。

「世論が反対していない」ことなど、言いわけにはならない。問題に取り組むことは評判を悪くするとか、同業に恨まれるとか、どこからも要求されていないということも、言いわけにはならない。遅かれ早かれ社会は、そのような社会に対する影響を、社会に対する攻撃とみなす。そのような影響を除いたり、問題を解決するために責任ある行動をとらなかった組織に対し、高い代償を払わせる。

ここに、よい例がある。一九四〇年代の末から五〇年代の初めにかけて、ある自動車メーカーが自動車の安全性に力を入れた。フォードである。同社は、シートベルトつきの車を売り出した。

ところが、売上げは激減した。同社はシートベルトから手を引き、安全車という考えまで捨てた。しかし一五年後、安全意識の広がりとともに、自動車メーカーは、安全性への関心の欠如と、死の商人たることを激しく攻撃されるにいたった。やがて、市民を守ることに熱心であるとともに、メーカーを罰することに熱心な法律が、次々につくられた。

いかにして対処するか

社会的影響に対処するには、まずその全貌を明らかにしなければならない。では、その明らかにした影響をいかに処理するか。目標ははっきりしている。社会、経済、地域、個人に対する影響のうち、その組織の目的や使命の達成に不可欠なもの以外は、すべてなくすことである。組織内に対するものか、社会や環境に対するものかを問わず、影響は小さければ小さいほどよい。したがって、影響を与える原因になっている活動を中止することによって影響をなくせるのであれば、それが最善の解決である。唯一の優れた解決である。

しかしほとんどの場合、活動を中止できない。したがって、一方において影響の原因となっている活動を継続して行いつつ、そこから生ずる影響をゼロにするための、あるいは少なくとも最小限にとどめるための組織的な行動が必要となる。ここにおいて理想とすべきアプローチは、影響をとり除くことを、そのまま事業にすることである。

それは、たとえばアメリカの大手化学会社ダウ・ケミカルが行ったことである。同社は、すでに二〇年近く前から、大気汚染や水質汚染と取り組んでいる。第二次大戦後間もなくから、大気汚染や水質汚染を好ましからざる影響として完全に除去することを目標に掲げた。環境汚染が問題になる前に、工場からの汚染をゼロにする方針を決定した。しかも、除去した物質によって新製品を開発し、それらの製品の用途と市場を創造していった。

似た例として、デュポンの工業用毒物研究所がある。同社は一九二〇年代に、自社の工業製品に有害な副作用があることを知った。ただちに毒性試験のための研究所をつくり、毒性除去のプロセスを開発した。他の化学品メーカーが無視していた影響の除去を始めた。しかも、工業製品の毒性除去を事業に発展させた。今日、同社の工業用毒物研究所は、自社だけでなく、広い範囲の顧客のために、製品の毒性試験を行い、無毒性の化合物の開発に取り組んでいる。こうして同社は、好ましからざる影響の除去を事業上の機会に変えた。

影響の除去を事業上の機会に変えることは、つねに試みなければならない。もちろん多くの場合は不可能である。事実、影響の除去はコスト増を意味する。社会が負担すべき外部費用が、自らのコストとなる。したがって、同業他社が同じルールを受け入れないかぎり、競争は不利となる。ほとんどの場合、全社に同じルールを受け入れさせるには、規制の力が必要である。何らかの公的措置が必要となる。

したがって、影響を除去するうえでコスト増が避けられない場合には、マネジメントたるものは、産業と社会の双方にとり最小のコストで最大の効果を可能とする方法を考えなければならない。問題解決のための規制について、行政に先んじて検討し、成案を用意しなければならない。そのうえで、規制の立法化を図らなければならない。

これまで企業のみならず、あらゆる組織のマネジメントが、この種の責任を避けてきた。彼らの態度は、つねに、「何も規制しないのがよい規制である」だった。しかしこれは、影響を事業上の機会とすることができる場合にのみいえることである。影響を除去するために、何らかの制限が必要な場合には、公的な規制は、組織特に責任ある組織にとって利益となる。公的な規制がない場合には、責任ある組織も無責任であるとして非難され、その間、良心のない者、貪欲な者、ばかな者、騙す者だけが利益を得る。

事実、規制されないことを期待するのは、都合の悪いときに目をつぶるようなものである。今日世論が問題にしていないからといって、問題を無視してよいことにはならない。将来の危機を回避するためにとる行動については、いかなる反対や抵抗も問題とすべきでない。放っておけば、最終的には、企業の罪とされる。

もちろん社会的影響の問題を解決するには、トレードオフが必要である。影響をある程度以上除去しようとすると、資金やエネルギーや資源が犠牲になってくる。そこで、コストと便益をもっともバランスよくさせるための意思決定が必要となる。これは、産業界に身を置く者ならば誰でも知っていることである。ところが、産業界に属さない者はまったく知らない。そのため彼らの提案する解決策は、トレードオフの問題を無視したものとなる。

社会的影響に対する責任は、マネジメントの責任である。ただし、それは社会に対する責任ではなく、自らの組織に対する責任である。そのような影響は、事業上の機会にすることこそ理想である。それが不可能なときには、最適なトレードオフをもたらす規制案をつくり、公共の場における討議を促進し、最善の規制を実現するよう働きかけることが、マネジメントの責任である。

社会の問題を機会に変える

社会の問題は社会の機能不全であり、社会を退化させる病である。それは病気である。組織のマネジメント、特に企業のマネジメントにとっては、一つの大きな挑戦である。機会の源泉である。なぜならば、社会の問題の解決を事業上の機会に転換することによって、社会の要請に応え、同時に自らの利益とすることこそ、企業の機能であり、ある程度は他の公的機関の機能でもあるからである。

変化をイノベーションに転換すること、すなわち変化を新事業に転換することが、企業の使命である。イノベーションを技術のことと考えてはならない。企業の歴史を通じて、社会的なイノベーションは、技術のイノベーションよりも大きな役割を果たしてきた。結局のところ、一九世紀のおもな産業は、新たな社会環境としての工業都市の抱える問題を、事業上の機会や市場に転換した結果生まれている。最初にガス、次に電気による照明事業が起こり、次いで市内電車、郊外電車、電話、新聞、デパートなどの事業が起こった。

したがって、社会の問題を事業上の機会に転換するための最大の機会は、むしろ新技術や、新製品や、新サービスではない。それは主として、社会的なイノベーションである。事実、大きな成功を収めた企業の秘密は、このような社会的イノベーションにあった。

第一次大戦前の時代は、労働争議の時代だった。労働は厳しく、失業率は高かった。熟練労働者の一時間当たりの賃金が一五セントまで下がったこともあった。ところがフォード社は、そのようななかにあって、一九一三年の暮れ、すべての労働者に対し、当時の平均の二倍から三倍にあたる日当五ドルを保障すると発表した。もちろん、この決定をパートナーのヘンリー・フォードに押しつけた総支配人ジェイムズ・クーゼンスも、フォードの賃金負担が一夜でほぼ三倍になることを知っていた。しかし彼は、労働者の苦しみはあまりに大きく、目に見える思いきった行動をとらなければならないと考えた。

彼は、賃金を三倍にしても、むしろ労働コストは下がると判断した。彼の正しさは事実によって証明された。それまでフォードでは、労働者の移動が激しく、たとえば一九一二年には、一万人を確保するために六万人を雇っていた。しかし新しい賃金保障によって、転職はほとんどなくなった。その結果もたらされた経費の節減は大きく、その後数年にわたって続いた原材料の値上がりにもかかわらず、T型車をより安く生産することができ、一台当たりの利益さえ増大させた。

同社が市場を支配するきっかけになったのは、この思いきった賃上げが生んだ労働コストの節減だった。しかもこの行動が、アメリカの産業社会を変えた。アメリカの労働者は、それ以来、基本的に中産階級として確立された。

社会の問題は、それを事業上の機会に転換すれば問題ではなくなる。しかしそうできない問題は、社会にとって、たとえ退化病とまではいかなくても、慢性病になる。あらゆる問題が、貢献と業績のための機会に転換することで解決されるわけではない。事実、問題のなかでももっとも深刻な種類のものは、だいたいにおいて、事業上の機会に転換しえない。それでは、この慢性病、あるいはさらに退化病となった問題に関わるマネジメントの社会的責任は何か。

それらの問題も、マネジメントにとっては問題である。なぜならば、企業の健康はマネジメントの責任であり、健康な企業と病気の社会とは両立しないからである。企業が健康であるためには、健全な、あるいは少なくとも十分に機能する社会が必要である。社会と地域の健全さこそ、企業が成功し成長するための条件である。もちろん、それらの問題が自然消滅することを望むのはばかげている。誰かが何かをしなければ、問題は解決しない。

それでは、企業やその他の組織は、自らの影響によって生じた問題ではなく、また自らの目的に沿った事業上の機会に転換することができない問題について、どの程度まで取り組むことが期待されるべきか。企業や大学や病院などの組織は、いったいどの程度まで責任をとることが許されるべきか。

ところが、今日よく聞かれる議論は、たいていこの疑問を無視している。ニューヨークのリンゼイ市長はこう言った。「黒人居住区の問題が深刻である。市や地域社会や社会奉仕が何をしても、悪化するばかりである。したがって、大企業に任せたい」。リンゼイ市長が、誰か代わりを探していることは理解できる。事実、彼がくじけつつある問題はあまりに絶望的であり、ニューヨークにとって、アメリカ社会にとって、西側世界全体にとって大きな問題である。しかし、そうかといって黒人居住区の問題を、企業のマネジメントの社会的責任にすることは、はたして可能なのか。それとも、社会的責任にも限界があるのか。その限界はどこにあるのか。

社会的責任の限界

マネジメントは召し使いである。主人は、彼がマネジメントする組織である。したがって、マネジメントの責任とは、自らの組織に対する責任である。

マネジメントの役割は、企業、病院、学校、大学の別を問わず、その組織を機能させ、その目的、使命とする貢献を果たさせることである。大きな組織の長としての地位によって公的な地位につき、社会の問題について指導的な役割を果たしたとしても、自らの企業や大学を放置して不振を招いていては、とても公人とはいえない。無責任というべきである。与えられた信任に応えていない。

組織がそれぞれ具体的な目的を果たすことこそ、社会がもっとも必要とし、かつもっとも関心をもつことである。個々の組織がその具体的な機能を遂行する能力を損なうことは、社会にとっての損失である。組織にとって最大の社会的責任は、その機能を遂行することである。

そのうえ、いかなる組織といえども、もしその本来の機能を遂行するという責任を果たせなければ、他のいかなる責任も果たせない。破産する企業は、望ましい雇用主ではない。地域社会にとっても、よき隣人ではない。明日の職場や、明日の労働者のための機会を生み出すことができない。同じように、明日の指導者や専門家を養成することのできない大学は、いかに多くのよい仕事にたずさわっていたとしても、責任ある大学とはいえない。

つまるところ、マネジメントたるものは、リスクを負い将来の活動に着手するうえで必要な利益の最低限度を知っておかなければならない。意思決定を下すうえで、この限度を知らなければならない。自らの意思決定を、政治家や新聞や大衆に説明するためにも知らなければならない。彼らが利益の客観的な必要性とその機能について無知であるかぎり、すなわち、彼らが利潤動機なるものについて考えかつ論じているかぎり、社会的責任について合理的な意思決定を下すことも、それを企業の内外に対して説明することもできない。

経済的な能力の限界を無視して、経済的に負担しきれない社会的責任を引き受けたとき、その企業は必ず苦境に立たされる。

企業以外の組織も、社会的責任については同じような限界がある。この場合も、マネジメントが自らの組織の具体的な機能を危険にさらすようでは、いかにその動機が高尚であっても無責任というべきである。たしかに今日、このような考え方は人気がない。いわゆる進歩的な考え方のほうがはるかに人気がある。しかしマネジメントたるもの、特に社会の基本的な組織のマネジメントたる者は、マスコミの人気を得るために報酬をもらっているのではない。業績をあげるという責任を果たすためにもらっている。

能力のない仕事を引き受けることも無責任である。それは、むごい行動である。期待をもたせたあげく失望させる。組織、特に企業は、自らが社会に及ぼす影響について責任を果たすうえで必要な能力は、すべて身につけておかなければならない。しかし、それ以外の社会的責任の分野においては、行動の権利と義務は、その固有の能力によって限界が定められる。

特に組織は、自らの価値体系に合致しない課題に取り組むことは避けなければならない。熟練や知識は容易に手にできる。しかし、価値観を変えることはできない。大事に思っていない分野で優れた活動をする者はいない。企業にしても他の組織にしても、単に社会的な観点から、自らが重視していない分野の問題に取り組んでも、そのために優れた人材を割いたり、十分な支援をしたりすることはない。必要な仕事の全貌を理解することもできない。むしろ確実に間違ったことをしてしまう。

したがって、マネジメントたるものは、少なくとも、自らと自らの組織にとって欠けている能力が何であるかを知っておく必要がある。たとえば、企業は一般的にいって、定量化できない分野における能力が欠如している。企業の強みは、計算と測定が可能な分野にある。業績の基準が目に見えない分野、たとえば政治的な見解や感覚、地域社会の受け取り方、地域社会の力の動員や力関係によって成果が評価されるような分野は苦手とする。企業が、そのような分野において価値をもつものに対し、最大の敬意を払うわけがない。有能であることはほとんどありえない。

ただそのような分野においても、問題によっては、目標を明確にし、測定可能な形に設定することは可能である。その場合、企業の能力の範囲外にある問題であっても、それを企業の能力と価値体系に合致する仕事に転換することは可能である。

アメリカでは、一〇代の黒人少年の職業訓練で大きな成功を収めた組織はあまり多くない。しかし企業は、自治体や学校やその他地域社会の各種の機関に比べて、かなり大きな成果をあげている。なぜならこの仕事は、明確な形で把握することができるからである。定義することができるからである。しかも目標を設定でき、成果を測定できるからである。このような場合、企業は成果をあげることができる。

権限の限界を知る

社会的責任に関してもっとも重要な限界は、権限の限界である。法学には、責任という単独の概念はない。あるのは、責任と権限という概念である。権限をもつ者は、責任を負う。逆に、責任を負う者は、権限を要求する。責任と権限は同じコインの両面である。社会的責任を負うということは、つねに、社会的権限の要求を意味する。

もちろんこの問題は、組織の引き起こす影響とは関係がない。なぜならば、社会への影響それ自体が、たとえ純粋に偶発的かつ無意識のものであったとしても、権限の行使の結果だからである。したがって、この場合には自動的に責任が生じる。

しかし、企業やその他の組織が、社会そのものの問題や病について社会的責任を要求された場合、マネジメントは、責任に伴う権限が正当なものかどうかを徹底的に考えなければならない。さもなければ、越権や無責任を招く。企業が責任を要求された場合、必ずそれについて「権限をもっているか、もつべきか」を自問しなければならない。もし権限をもたず、またもつべきでないならば、責任を負うことの是非に疑いをもたなければならない。事実、非常に多くの分野において、企業はそのような権限をもつべきではない。責任を負うということは、権力欲の一つの現われにすぎない。

アメリカの消費者運動家ラルフ・ネーダーは、自らを大企業の敵とみなしている。企業も世論も、そのように理解している。事実、彼は、製品の品質や安全性について企業の責任を要求するかぎりにおいては、企業の負うべき責任、すなわちその業績と貢献に対する責任を問題にしてきた。

ところが最近の彼は、その製品やサービス以外の分野においても大きな責任を大企業に要求している。しかし、万一大企業のマネジメントが、そのような責任をすべて自らの責任として受け入れた場合、本来企業以外の組織体に属する分野において権力をもつことになる。

これが、ネーダーをはじめとして企業の社会的責任を要求する人たちがとりつつある立場である。ネーダーのタスク・フォースの一つが、一九七二年、デュポン社とそのデラウェア州における役割について、あるレポートを発表した。デラウェア州は、デュポン社が本社を置き、その最大の雇用者となっている小さな州である。このレポートは、同社の経済的な業績については何も論じていない。同社がインフレ下において、アメリカ経済にとって基礎的な原材料となっている製品の価格を引き下げていったことを、社会的責任とは無関係としている。

その代わりにレポートは、同社が、その経済的な力を利用して、デラウェア州の人間に、人種差別や、保健や、公立学校の問題などの社会問題に取り組ませなかったことを批判している。すなわちデュポン社は、デラウェア州の社会、政治、法律に対して責任をとらなかったがゆえに、その社会的責任を怠っていると批判されたのである。

ところが皮肉なことに、それまでのデュポン社に対する進歩派や左翼からの批判は、まったく逆のものだった。すなわち、デュポン社は小さな州において抜きんでた存在となることによって、デラウェア州に干渉し、不当な権限を行使していると批判されていた。

組織が果たすべき最大の貢献

マネジメントは、社会の問題に対して責任をとることによって、本来の機能を損ない傷つける場合には、抵抗しなければならない。また、要求が自らの能力を超えるものである場合も抵抗しなければならない。責任が不当な権限を意味する場合も抵抗しなければならない。しかし、問題がきわめて重大な性格のものである場合は、その解決策を徹底的に検討し、提案すべきである。問題が深刻であれば、結局は何かがなされなければならないからである。

企業をはじめあらゆる組織が、社会にとって深刻な病について関心を払わなければならない。もしできれば、それらの問題を自らの業績と貢献のための機会へと転換しなければならない。それができなくとも、少なくとも問題がどこにあり、どう取り組むべきかを検討しなければならない。関心を払わないことは許されない。なぜならば、現代の組織社会においては、彼らのほかに、諸々の社会の問題について関心を払うべき者はいないからである。現代社会において、組織のマネジメントこそ、指導的地位にあるからである。

しかし同時に、われわれは、先進社会には、自立したマネジメントをもち、業績をあげる組織が必要であることを知っている。先進社会は、全体主義社会として機能することはできない。実際、先進社会は、その社会的な課題のほとんどが、それぞれ自立したマネジメントをもつ組織によって果たされているところに特徴がある。そもそも、そのようにして社会的な課題が達成されて、初めて先進社会が生まれる。

ここにいう組織とは、政府機関を含め、それぞれ具体的な目的をもつ組織である。それらは、それぞれの分野で、具体的な成果をあげることを目的とする社会の機関である。それらの組織が果たすべき最大の貢献、すなわち最大の社会的責任とは、それぞれの機能を遂行することである。最大の社会的無責任とは、能力以上の課題に取り組み、あるいは社会的責任の名のもとに他から権限を奪うことによって、自らの機能を遂行する能力を損なうことである。

プロフェッショナルの倫理

これまで企業倫理や企業人の倫理については、数えきれないほど説かれ、書かれてきた。しかしそのほとんどが、企業とは何ら関係のないことであり、倫理とも、ほとんど関係のないことである。

まずその第一は、まったく単純な日常の正直さについてである。われわれは、企業人たるものはごまかしたり、盗んだり、嘘をついたり、贈賄したり、収賄したりしてはならないと厳かに言われる。しかし、これは企業の人間のみならず、誰もがしてはならないことである。いかなる人間といえども、その職務や仕事によって、人間行動の一般的なルールの適用を免れることはない。企業の副社長や、市の助役や、大学の学部長に任命されることによって、人間でなくなるわけではない。しかも、ごまかしたり、盗んだり、嘘をついたり、贈賄したり、収賄したりする人間というものは、つねに存在する。

これは、個人に関わる問題、家庭や学校の教育に関わる問題である。ビジネスの倫理というものが別にあるわけではない。そのようなものは、必要でもない。必要なことは、企業の重役であれ誰であれ、誘惑に負けた者を厳しく罰することだけである。

第二は、これも倫理とは何ら関係のないことについてである。客をもてなすためにコールガールを雇うことは、倫理の問題ではない。それは人間としての美意識の問題である。問題は、髭を剃りながら、鏡のなかにポン引きの顔を見たいかどうかである。

清潔な指導者をもつことは、素晴らしいことである。だが残念ながら、この清潔さが、王侯、貴族、僧侶、将軍などの指導者や、ルネサンス期の画家や人文学者、中国の文人などのインテリの間に、一般的な資質として広まったことは一度もない。

ところが今日、これら二つの説教材料に、特にアメリカでは、第三のテーマが加えられるようになった。すなわち、マネジメントたるものは、地域社会において積極的かつ建設的な役割を果たす倫理的な責任があるとの説である。

しかし、この種の活動は強制されるべきものではない。この種の活動に参加することが、企業内において賞されることがあってはならない。そのために報酬を受けたり、昇進することがあってはならない。この種の活動を命じたり、圧力をかけることは、組織の力の乱用である。それは正統な権力の行使ではない。地域社会の活動に参加することは望ましいことである。だが、それは倫理とは関係がない。責任ともほとんど関係ない。それは、隣人として、一市民としての資格における個人の貢献の問題である。仕事の外にあるもの、マネジメントに関わる責任から外れることである。

マネジメントに特有の倫理の問題は、彼らが集団的に見たとき、組織社会において主導的な地位にあるグループを構成していることから生じてくる。もちろん、マネジメントといえども個人としては被用者にすぎない。したがって、マネジメントにある者個人を社会のリーダーと呼ぶことはできない。彼らは主導的な地位にあるグループの一員である。しかしそのグループは、目に見える抜きんでた地位、権限を伴う地位にある。そのため、彼らには責任がある。実はこれまで述べてきた社会的責任は、すべてこの責任である。

それでは、主導的な地位にあるグループの一員としてのマネジメントの責任や倫理とは、具体的に何か。

主導的な地位にあるグループの一員であるということは、本質的には、プロフェッショナルであるということである。そのようなグループの一員であるということは、ある身分、地位、卓越性、権限が与えられているということである。義務も与えられているということである。もちろん、マネジメントにある者すべてがリーダーであるわけではない。先進社会では、マネジメントの地位に、何百万とはいわなくとも、何十万もの人がいる。しかも、真のリーダーシップはつねに稀であり、ごく限られた人たちの属性である。だがそれでも、マネジメントにある者はすべて、主導的な地位にあるグループの一員として、プロフェッショナルの倫理を要求されている。すなわち責任の倫理を要求されている。

「知りながら害をなすな」

プロフェッショナルの責任は、すでに二五〇〇年前、ギリシヤの名医ヒポクラテスの誓いのなかにはっきり表現されている――「知りながら害をなすな」。

プロたるものは、医者であろうと、弁護士であろうと、マネジメントであろうと、依頼人に対し、必ずよいことをすると約束することはできない。彼にできることは、最善を尽くすことだけである。しかし、知りながら害をなすことはしないとの約束はしなければならない。依頼人のほうとしても、プロたる者が知りながら害をなすことはないと信じられなければならない。この信頼がなければ、何も信じられない。

同時に、プロたる者は自立していなければならない。依頼人によってコントロールされたり、監督されたり、指揮されたりしてはならない。

プロたる者は、自らの知識と判断が自らの決定となって表われるという意味において、私的でなければならない。しかし、自らの私的な利害によってではなく、公的な利害によって動かされていると自覚することこそ、彼らに与えられる自立性の基礎であり、根拠である。言いかえるならば、プロたる者は自立した存在であり、政治やイデオロギーの支配に従わないという意味において、私的である。しかし、その言動が依頼人の利害によって制限されているという意味において、公的である。このプロの倫理の基本、すなわち公的責任の倫理の基本が、「知りながら害をなすな」である。

たとえば、自らの企業が社会に与えた影響について、業界で不評を買うとの理由から、適切な解決策を検討せず、実行もしないマネジメントは、知りながら害をなしていることになる。知りながらガン細胞の増殖を助長している。すでに述べたように、そのようなマネジメントは愚かというべきである。なぜならそのような態度は、結局のところ、一時の気まずさなどよりもはるかに、自らの企業や産業を傷つけることになるからである。それだけではない。そのような態度は、プロの倫理にはなはだしく反している。

似た例はたくさんある。特にアメリカの場合、企業のマネジメントは、次のような点において、「知りながら害をなすな」の原則に反している。

それは、第一にマネジメントの報酬、第二に従業員の足枷としての付加給付、第三に利益の説明に関してである。これらの点における彼らの言動は、社会的な分裂の原因とさえなりうるものである。現実の健全な姿をかくし、社会的な病、あるいは少なくとも社会的な鬱病の原因となるおそれがある。社会の方向を誤らせ、問題の理解を妨げる。まさに深刻な社会的害悪というべきである。

第一に、アメリカの代表的な企業について見ると、給与が最低の者とマネジメントの間、すなわち機械のオペレーターと工場のマネジメントとの間の所得格差は、手取りでほぼ一対四にすぎない。しかもアメリカでは、所得格差は縮小しつつある。にもかかわらず、一般には格差が増大しつつあるとの印象を与えている。それは錯覚である。危険な錯覚である。そのような錯覚は、あらゆるものを腐らせる力をもつ。ともに生き、ともに働くべき異なるグループ間の人間の信頼関係を破壊する。やがて、誰も得をせず、ただ社会や経済やマネジメント自身に対し大きな害を与えるような政治的な措置がとられるだけである。

大企業の社長の年収五〇万ドルは、ほとんどみせかけである。それは、所得ではなく身分である。どのような抜け穴を見つけても、その多くは税金にもっていかれる。ボーナスにしても、所得の一部を多少なりとも税率の低い形の報酬で手にしたいというだけにすぎない。言いかえるならば、いずれも経済的には大きな意味はない。しかし、社会心理的には「知りながら害をなしている」。弁護の余地はない。

致命的なことは、不平等化の錯覚である。その原因の根本は税制にある。しかし、マネジメントがそのような反社会的な税制を黙って受け入れている態度こそ大きな間違いである。これが「知りながら害をなすな」の原則を破っていることに気づかないならば、他ならぬマネジメントが、結局のところは最大の被害者となるに違いない。

アメリカのマネジメントが、「知りながら害をなすな」の原則を守っていない第二の例は、従業員に与える報酬に関してである。年金退職金、永年勤続金、ボーナス、ストックオプションは、すべて報酬である。それらはすべて人件費である。しかし現実には、それらの付加給付は、たとえ税制のためであるとしても、従業員を雇用主のもとに縛る働きをしている。それらは、同じ雇用主のもとにとどまることを条件に与えられる。場合によっては、きわめて長い間とどまることを条件に与えられる。会社を辞めることには罰が伴う。それまで自分が働き貯めた、いわば過去の賃金の一部を奪われるからである。しかもそのような足枷は、企業の力を強くするものではない。

現在の職場において成果をあげていないことを知っている者、すなわち明らかに間違った場所にいる者も、しばしば自らそのことを知りながら、職場にとどまることになる。会社を辞めることによって被る罰が大きすぎるためにとどまるのであれば、当然、鬱積がたまる。金で買収され、しかもそれを拒否できないでいることを自覚する。ずっと不機嫌で、反抗的で、楽しからざる日々を送ることになる。

年金、退職金、ストックオプションなどは、彼らが稼いだものである。したがってそれらのものは、市民として、個人として、人間としての彼らの権利を制限することなく、早く彼らに渡すべきである。ここにおいても、マネジメントたるものは、税制改正を働きかけなければならない。

第三に、マネジメントは、その話す言葉によっても、一般市民が経済の現実を理解することを不可能にしている。この点においてもまた、リーダー的な地位にあるものとして、「知りながら害をなすな」の原則に反している。特にアメリカにおいていえることだが、ヨーロッパについてもいえる。なぜならば欧米諸国では、マネジメントは今日にいたるも、いわゆる利潤動機について話をしているからである。彼らは、企業の目的は利潤の極大化にあると説明している。

彼らは、利益の客観的な機能を説明しない。リスクについて話さない。あるいは、ほとんど話さない。資本調達の必要を強調しない。資本のコストについてさえ話さない。まして最小のコストで必要な資金を手にするには、利益を生んでいなければならないということについては、さらに話さない。

マネジメントは、利益に対する敵意についてこぼす。しかし彼らは、彼ら自身の立論が、この利益に対する敵意のおもな原因となっていることを認識していない。なぜならば実際のところ、マネジメントが一般市民に向かって話しかける言葉のなかには、利益を正当化でき、利益の存在を説明し、利益の機能について述べているものは、一つとして見られないからである。

彼らが口にしているものは、利潤動機という不特定多数の資本家の欲望だけである。しかも、なぜその欲望が、たとえば重婚とは違い、許されるべきであるかということについては説明できていない。しかし実際には、利益こそ経済と社会にとって絶対に必要不可欠なものである。

「知りながら害をなすな」との原則は、今日の社会的責任に関する言論に見られる政治的な要求と比べるならば、あまりに地味なものに見える。しかしこれは、医者の間ではずっと前から理解されているように、守ることの容易な原則ではない。だがまさに、この地味さこそがこの原則を、マネジメントの倫理、すなわち責任の倫理にとってふさわしい原則としている。

Part 4

マネジメントの基礎知識

1章　マネジメントの常識が変わった

パラダイムは不変ではない

社会科学では、前提や仮定がそのままパラダイム、すなわち支配的な理論となる。それらの前提や仮定は、学者、評論家、教師、実務家が無意識のうちにもつ。それが、彼らにとっての現実、その分野における現実となる。現実を規定する。それどころか、それが何の分野であるかさえ規定する。さらには、排除すべきもの、無視すべきものを規定する。しかるに、それらの前提は、その重要性にもかかわらず、分析されず、研究されず、疑問も抱かれず、はっきり示されることもない。

社会科学においては、自然科学以上に、何を前提とするかが意味をもつ。そもそもいかなるパラダイムといえども、自然に対しては影響力をもちえない。パラダイムが、太陽が地球を回るとしようが、地球が太陽を回るとしようが、太陽や地球には影響を与えない。自然科学が対象とするものは自然である。ところが、社会科学が対象とするものは、人間とその組織である。そのため実務家は、その時々においてパラダイムとされているものに従って行動する。

さらに重要なこととして、自然科学における現実、すなわち自然とその法則は変化しない。変化するとしても、それに要する時間は数十時間ではなく、数十億年である。これに対し、人間社会には不変の法則はない。変化してやまない。昨日有効だった前提が突然無効となり、さらには間違いとなる。

マネジメントのような社会科学において重要なことは、何を前提とするかである。しかも、その前提となるものが変化するということである。

一九三〇年代にマネジメントの研究が始まって以来、学者、評論家、実務家の間で真実とされてきた二組の前提がある。一組は、組織運営上の前提である。それは第一に、マネジメントとは企業だけのためのものである、第二に、組織の正しい構造は一つである、第三に、人をマネジメントする正しい方法は一つであるというものだった。

もう一組は、事業経営上の前提だった。すなわち第一に、技術と市場とニーズは不可分である、第二に、マネジメントの範囲は法的に規定される、第三に、マネジメントの対象は国内にかぎられる、第四に、マネジメントの領域は組織の内部にあるというものだった。

マネジメントは企業だけのためのものか

マネジメントは企業だけのためのものであるとの前提は、専門家だけでなく、一般にも当然とされている。マネジメントといえば、自動的に企業のマネジメントと考える。この前提は、マネジメントの歴史の初めからあったものではない。二〇世紀初めのフレデリック・W・テイラーから、一九三〇年代のチェスター・バーナードまでは、品種が違っても犬は犬であるように、企業のマネジメントもマネジメントの一部にすぎず、他のマネジメントと基本的に違わないとしていた。

マネジメントが企業のマネジメントを指すとの誤解は、大恐慌下において企業不信と企業人批判が高まったことにさかのぼる。当時の公的機関のマネジメントは、企業と一線を画すために、パブリック・アドミニストレーション（行政管理）と称した。大学の学部も別、専門用語も別、職種も別とした。同じころ、急成長していた病院のマネジメントも、企業のマネジメントと区別するために、ホスピタル・アドミニストレーション（病院管理）と称した。大恐慌時代には、マネジメントを称さないことが政治的に正しかった。

ところが戦後、事態が逆転した。一九五〇年代に、主として第二次大戦中の企業活動の功績によって、ビジネスは肯定的な言葉になった。ビジネス・マネジメントが敬意を払うべきものになった。以来、マネジメントといえば、誰にとっても企業のマネジメントを指すようになった。

しかしいまこそ、この六〇年に及ぶ誤解を正さなければならない。事実、すでにビジネス・スクールはスクール・オブ・マネジメントに名を変え、ＮＰＯのマネジメントを教え、企業とＮＰＯの役員の双方を対象とするマネジメントプログラムをもっている。神学校では教会マネジメントを教えている。しかし、マネジメントが企業のものであるとの誤解は根強い。われわれはここで、医学が産婦人科だけでないように、マネジメントも企業のマネジメントだけではないことを確認しなければならない。

マネジメントの仕方は、組織によって違う。使命が戦略を定め、戦略が組織を定めることは当然である。小売りチェーンのマネジメントとカトリック司教区のマネジメントは違う。空軍基地、病院、ソフトウェアハウスのマネジメントも、それぞれ違う。とはいえ、本当に大きな違いは、使っている用語ぐらいのものである。理論ではなく、適用の仕方の違いにすぎない。直面する問題や課題さえ、大きな違いはない。

マネジメントについて当然とすべき第一の前提は、それがあらゆる種類の組織にとっての体系であり、機関であるということである。

組織の正しい構造は一つか

マネジメントの研究は、一九世紀において、政府、常備軍、企業などの大組織が現われたときに始まった。以来、組織の正しい構造は一つであるとの前提に立ってきた。

正しい構造とされるものは何度か変わった。正しい構造の探求はいまも続いている。組織構造の重要性を認識させたのは、第一次大戦だった。フェヨールやカーネギーの説く機能別組織が唯一の正しい構造ではないことを明らかにしたのも第一次大戦だった。第一次大戦の直後、ピエール・S・デュポン（一八七〇～一九五四年）、次いでアルフレッド・スローン（一八七五～一九六六年）が分権型組織を生み出した。今日では、あらゆる組織に適用すべき組織構造として、チーム型組織が喧伝されている。

しかし、もはや万能の構造などというものは、存在しえないことを認識しなければならない。存在しうるものは、それぞれが特有の強みと弱みをもち、その場面ごとに適用されるべき組織構造である。組織がすべてではない。組織は、ともに働く人たちの生産性を高めるための道具である。そのようなものとして、組織構造は、それぞれが、ある状況のもとで、ある時点において、ある仕事に適合するというだけである。

今日、階層の終わりという言葉を耳にする。ナンセンスである。あらゆる組織が、最高権威としてのボスを必要とする。最終決定を行い、その決定に従う者をもつボスを必要とする。組織が危機に瀕したとき、その命運を決するのは明快な命令の有無である。船が沈没しかけているときに、会議を開く船長はいない。命令する。船を救うために、全員がその命令に従う。意見も参画も関係ない。危機にあっては、階層と服従が命綱である。しかも同じ組織が、あるときには議論を必要とし、あるときにはチームを必要とする。

ところがこれまでの組織論は、組織の内部はどの部分も同質であって、全体的に同じように組織しなければならないとしていた。しかし特にこれからは、フェヨールのいう典型的なメーカーを含め、あらゆる組織が、その内部に多様な組織構造をもたなければならない。

今日、外国為替の管理が致命的に重要になっている。完全な集権化を必要とする。いかなる部門といえども、自由に取引させることはできない。ところが同時に、たとえばハイテク製品の顧客サービスでは、分権化を徹底しなければならない。一人ひとりの顧客担当者がボスとなり、全組織がその指示に従わなければならない。

ある種の研究開発活動では、個々の専門家がそれぞれの役割を果たすという機能別組織が必要となる。ところが、医薬品開発のように早い段階で意思決定が必要な研究開発活動では、最初からチーム型組織がふさわしい。しかも、この二つの組織構造を、同じ研究所のなかに併存させる必要がある。

組織の正しい構造は一つであるとの考えは、マネジメントは企業のマネジメントであるとの誤解と関係がある。マネジメントの研究者たちが、この誤解に惑わされることなく、企業以外の組織にも目を向けていたならば、組織構造は仕事の種類によって違うことを知ったに違いない。カトリックの司教区の構造は、オペラの一座とは異なる。軍も、病院とは異なる。

組織には、守るべきいくつかの原則がある。

第一に、組織は透明でなければならない。誰もが自分の働く組織の構造を知り、理解できなければならない。当然である。しかし実際には、軍を含め多くの組織でこの原則が守られていない。

第二に、組織は最終的な決定を下すものを必要とする。危機にあっては、その者が指揮をとる。

第三に、権限には責任が伴わなければならない。

第四に、上司はひとりでなければならない。三人の主人をもつ奴隷は自由人であるとのローマ法の格言こそ真理である。忠誠の板ばさみを避けるべきことは、むかしからの原則である。複数の上司をもてば板挟みになる。いまはやりのジャズバンド型のチームがむずかしい原因がここにある。チームに入った者は、自らの専門分野の部門長と、チームリーダーという二人の上司をもつ。

第五に、階層の数を少なくしなければならない。情報理論が教えるように、情報の中継点が雑音を倍加し、メッセージを半減させることを考えるならば、組織の構造は可能なかぎりフラットなほうがよい。

しかし、これらの原則は、何をなすべきかについては教えない。何をなすべきでないかを教える。うまくいきそうでないことを教える。これらは、建築家にとっての建築基準に似ている。いかなる建物を建てるべきかは教えない。制約条件しか教えない。

このことが意味するものは何か。それは、個々の人間が、同時にいくつかの組織構造のなかで働くことが必要になるということである。ある仕事のためにはチームの一員として働き、別の仕事のためには指揮命令系統のなかで働く。自分の組織ではボスだか、他の組織とは、提携や少数株式参加、合弁の形でパートナーの一員となる。すなわち、組織とは、一人ひとりの人間にとって、あくまでも道具にすぎない。

さらに重要なこととして、それぞれの組織構造の強みと弱みを知っておかなければならない。どのような仕事には、どのような構造がもっとも適しているか、適していないか。仕事の性格の変化に応じて、いつ構造を変えるべきか。

組織構造のなかでも、特に研究を要するのが、トップマネジメントである。だが今日のところ、企業、大学、病院、教会のいずれについても、トップマネジメントの構造のあり方をきわめたといえる組織はない。

言っていることと、行っていることの乖離を示すよい例がある。今日では、トップマネジメントの仕事には、チーム型組織が不可欠であるとの結論があちこちで出されている。ところが、アメリカに限らずあらゆる国で実際に行っていることは、極端な個人崇拝である。なかば偶像化した個人に光をあてつつ、後継の選び方については関心を払わない。だが、トップにせよ、組織構造にせよ、その最終的な評価は後継の選び方で定まる。

このように組織構造に関わる問題は、マネジメントの世界でもっとも早くから取り組まれていながら、理論的にも実務的にも、依然として多くの課題を残している分野である。

一世紀前のマネジメントの先駆者たちは正しかった。たしかに構造は必要である。企業、政府、大学、病院、教会、軍のそれぞれが、あらゆる生き物と同じように、構造を必要とする。しかし彼ら先駆者たちは、正しい構造は一つであるということを前提としたために間違いをおかした。生き物にいろいろな構造があるように、社会的な有機体である組織にもいろいろな構造がある。今日必要とされているものは、唯一の正しい構造の探求ではなく、それぞれの仕事に合った構造の探求であり、発展であり、評価である。

人をマネジメントする正しい方法は一つか

人とそのマネジメントについての前提ほど、かたくなに守られているものはない。現実に反しているだけでなく、これほど非生産的な結果をもたらしているものはない。人をマネジメントする正しい方法が一つであるとの前提は、人のマネジメントに関わるほとんどあらゆる理論の根底にある。

もっとも有名なものが、人のマネジメントはX理論とY理論のいずれかによるとし、自らはY理論を説いたダグラス・マグレガーの『企業の人間的側面』（一九六〇年）だった。私自身も、その少し前、『現代の経営』（一九五四年）において同じことを言った。ところがその数年後、エイブラハム・H・マズローが、『ユープサイキアン・マネジメント』（一九六二年）において、マグレガーと私の間違いを指摘した。マネジメントの仕方は、その対象によって変わるべきことを明確にした。これに従って、私自身はただちに考えを改めた。彼の立論には圧倒的な説得力があった。だが今日にいたるも、彼の言ったことに注意を払う者はそれほど多くない。

人をマネジメントする正しい方法は一つであるとの前提は、人とそのマネジメントについての、その他諸々の前提と関わりがある。

その一つが、組織のために働く者はすべて、その組織に生計とキャリアを依存するフルタイムの従業員であるとする前提である。もう一つが、組織のために働く者はすべて、その組織において誰かの部下であるとする前提である。しかも彼らのほとんどが、とりたてて能力もなく、言われたことをするだけの存在であるとする前提である。たしかにこれらの前提は、第一次大戦のころは現実に即し、意味もあった。しかし今日では、いずれも無効である。

いまでも、組織のために働く者の過半は従業員である。ところが、ますます多くの人たちが、フルタイムどころか、パートタイムの従業員でさえなくなってきている。たとえば、病院や工場のメンテナンス、政府や企業のデータ処理のためのアウトソーシング先の人たちである。あるいは派遣社員である。契約ベースで働く人たちである。しかも彼らの多くが、もっとも高度の知識労働者、したがってもっとも貴重な人たちである。

たとえフルタイムの従業員であっても、誰かの部下として働いている者は少なくなりつつある。今日ますます多くなっているのが知識労働者である。彼らは誰かの部下ということはありえない。同僚である。見習いの期間をすぎれば、自分の仕事については上司より詳しくなければならない。さもなければ、無用の存在となる。まさに、誰よりも詳しいことこそ、知識労働者の知識労働者たるゆえんである。

そのうえ、わずか数十年前と違い、通常考えられているほどには、上司の多くが部下の仕事を経験していない。

かつて連隊長は、大隊長、中隊長、小隊長など部下の仕事をひととおり経験していた。仕事の中身はほとんど同じであって、違いは部下の数だけだった。ところが今日の連隊長は、たとえ部隊を指揮した経験はあっても、ずっと部隊を指揮してきたとはかぎらない。大尉や少佐を経て昇進してきたが、経験の多くは、幕僚、研究者、教育者、大使館付武官としてのものである。したがって、中隊長の仕事をすべて知っているとはかぎらず、中隊長の経験があるともかぎらない。

販売出身のマーケティング担当副社長も同様である。販売は熟知しているが、市場調査、価格、包装、デザイン、サービス、販売予測については知らない。マーケティングの専門家に対し、何をいかに行うかを指示できない。だが、彼ら専門家が彼女の部下であることは変わらない。彼らの仕事ぶりや成績に責任をもつのは彼女である。病院の院長や医局長と、検査室や物理療法室の専門家との関係についても同じことがいえる。

知識労働者といえども、採用や解雇、考課、昇進について判断するのは上司の役割である。しかし専門分野については、上司は、彼らに教わらなければならない。上司といえども、市場調査や物理療法が何であって、何をもたらさなければならないかを理解できなければ、自らが果たすべき役割を果たせない。逆に、彼ら専門家のほうも、仕事の方向性については、上司の指示を仰がなければならない。何が組織にとって重要であるかについても、上司の判断を待たなければならない。

上司と彼ら知識労働者の関係は、かつての上司と部下の関係ではなく、オーケストラの指揮者と楽器演奏者の関係に似ている。知識労働者を部下にもつ上司は、オーケストラの指揮者がチューバを演奏できないのと同じように、部下の仕事をすることはできない。

しかし知識労働者のほうは、仕事の方向性については上司に頼らなければならない。とりわけ、成果の基準とすべきもの、価値や成果については上司の判断を仰がなければならない。もちろん彼らは、オーケストラの団員が最高の指揮者の仕事を台なしにすることが可能なように、最高の上司の最高の仕事を台なしにすることもできる。

つまるところ、フルタイムの従業員さえ、これからはボランティアのようにマネジメントしなければならない。有給ではあるが、彼らには組織を移る力がある。実際に辞めることができる。知識という生産手段をもっている。

動機づけ、特に知識労働者の動機づけは、ボランティアの動機づけと同じである。周知のように、ボランティアは、まさに報酬を手にしないがゆえに、仕事そのものから満足を得なければならない。何にもまして挑戦の機会が与えられなければならない。組織の使命を知り、それを最高のものとし、献身できなければならない。よりよい仕事のための訓練を受けられなければならない。成果を理解できなければならない。

これらのことは、人のマネジメントの仕方は、いつも同じではないということを意味する。同じ種類の人たちさえ、状況の変化によって、マネジメントの仕方は変わらなければならない。特に仕事上のパートナーとしてマネジメントしなければならない。パートナーシップの本質は対等の関係にある。命令と服従の関係ではない。パートナーに対しては理解を求めなければならない。

これからは、人をマネジメントすることは、仕事をマーケティングすることを意味する。マーケティングの出発点は、組織が何を望むかではない。相手が何を望むか、相手にとっての価値は何か、目的は何か、成果は何かである。つまり、適用すべきものはX理論でもY理論でもなく、いかなる管理論でもない。そもそも、問題そのものを定義し直さなければならない。問題は、人の働き方についてのマネジメントの仕方ではない。理論においても実務においても、問題は成果についてのマネジメントの仕方である。ちょうどオーケストラやフットボールの中心が音楽や得点であるように、人のマネジメントの中心となるべきものは、成果である。

今後、人のマネジメントにおいては、一〇〇年前のフレデリック・テイラー以降において肉体労働の生産性が中心的な問題だったように、知識労働の生産性が中心的な問題となる。これは、人と仕事についての前提を大幅に変えなければならないことを意味する。すなわち、行うべきは、人をマネジメントすることではなく、リードすることである。その目的は、一人ひとりの人間の強みと知識を活かし、生産的なものにすることである。

技術と市場とニーズは不可分か

技術と市場とニーズは不可分であるとの前提が、近代産業と近代技術を生み出した。この前提は、産業革命以来のものである。

繊維産業は、産業としての独自の技術をもつことによって、手工業から脱して近代産業となった。石炭産業もそうだった。一八世紀の終わりから一九世紀の初めにかけて興隆したあらゆる産業がそうだった。このことを最初にはっきり意識したのが、近代企業の生みの親でもあるドイツ人、ヴェルナー・ジーメンス（一八一六～一八九二年）だった。一八六九年に、ジーメンスは企業史上初めて大卒の科学者を採用し、世界最初の企業内研究所をつくった。独自の技術として、今日のエレクトロニクスの前身となったもの、つまり弱電を研究させた。

この前提はジーメンスだけのものではなかった。化学特に有機化学を自らの技術とすることによって、世界でリーダー的な地位を占めるにいたったドイツの化学産業が前提としたものだった。アメリカの電機メーカー、化学品メーカー、自動車メーカー、電話会社など、世界のリーダーとなったあらゆる企業が前提としたものだった。

この前提から、一九世紀最大の発明ともいうべき企業内研究所が次々に生まれた。その最後のものが、ジーメンスの研究所の設立からほぼ一世紀後の一九五〇年に設立されたＩＢＭの研究所だった。あるいは第二次大戦後、世界的規模の産業として急成長した医薬品メーカーの研究所だった。

ところが、この前提が今日では通用しなくなった。その典型が、自らの研究所が開発するものとは異質の技術、たとえば遺伝子工学、微生物学、分子生物学、エレクトロニクスの技術に頼らざるをえなくなった医薬品メーカーである。

一九世紀から二〇世紀の前半までは、あらゆる産業にとって、自らの産業の外で生まれた技術は、まったく、あるいはほとんど無関係といってよかった。ところが今日では、自らの産業や企業にもっとも大きな影響をもたらす技術は、自らの世界の外からのものであると考えなければならない。かつて、産業や企業が必要とするものは、すべて自らの企業内研究所が生み出すものと考えておけばよかった。逆に、自らの企業内研究所が生み出すものは、すべてその企業で利用できるはずだった。

この前提は、この一〇〇年間におけるもっとも成功した企業内研究所、AT&Tのベル研究所が当然としたものでもあった。たしかにこの研究所は、一九二〇年代初めの創立以来、一九六〇年代の終わりにいたる間、電話産業が必要とするほとんどの新知識とあらゆる技術を生み出した。しかもこの研究所が生み出すものは、ほとんど全部が電話会社を中心に使われた。

ところが、ベル研究所最大の科学的偉業、トランジスタの発明によって、この前提は覆された。電話産業もトランジスタを使った。だが、その最大の需要は電話産業ではなかった。最大の市場は予想外のところにあった。AT&Tがその特許を二束三文で与えたのは、そのためだった。自社ではさしたる需要を見込めず、外の世界でもたいした需要はないと考えた。こうして、もっとも革新的でもっとも価値ある発明の使用権を、ただ同然のわずか二万五〇〇〇ドルで売った。今日エレクトロニクス産業にあるメーカーのほとんどは、このベル研究所の認識不足の恩恵に浴している。

また逆に、デジタル交換機やファイバーグラスのような電話産業を一新させた技術は、ベル研究所が生み出したものではなかった。もともとは、電話とは無縁の技術だった。このような事態が、この三〇年から五〇年の間に当たり前になった。あらゆる産業でそうなった。

今日の技術は、一九世紀の技術のように、それぞれがそれぞれの世界にあり続けるというものではない。たがいに交錯する。医薬品メーカーにとっての遺伝子工学や医療用エレクトロニクスのように、聞いたことのない技術が、突然、産業と技術にイノベーションを起こす。新しいことを学び、手に入れ、使い、さらにはものの考え方まで変えることを必然とする。

一九世紀から二〇世紀にかけて、産業や企業は、財とサービスの供給者としての安定した地位のうえに成長した。たしかに、ビール容器の供給者は激しく競争していた。しかし、競争していたのは瓶メーカーの間だけだった。ビールの容器は一つしかありえなかった。ガラス瓶だった。

このことは、個々の企業や需要家だけでなく、政府も当然のこととしていた。アメリカの経済規制は、あらゆる産業にそれぞれの技術があり、あらゆる最終用途に固定した財とサービスがあることを前提としている。たとえば、今日の独占禁止法である。独占禁止法は、ビールの容器が瓶から缶に移っているという事実を無視し、瓶のメーカー間のシェアに神経をとがらせる。同時に、瓶がまだかなり使われているという事実や、プラスチックの容器が増えているという事実を無視し、缶メーカー間のシェアに関心を寄せる。

ところが第二次大戦後、あらゆる最終需要が、その手段と分離を始めた。皮切りがプラスチックだった。それは、単に新しい素材が他人の庭に紛れ込んできたというにとどまらなかった。今日では、ますます多くの最終用途が、多様な手段で充足されるようになっている。それしかないというものは、ニーズ側だけである。ニーズを充足させるための手段のほうは、何でもありである。

第二次大戦まで、ニュースの伝達は、一八世紀に生まれて二〇世紀の初めに発展した新聞の独壇場だった。今日では、ニュースを伝える方法はいくつもある。新聞もまだある。インターネットでの送信もある。ラジオがあり、テレビがある。経済ニュースについては、電子メディアに特化したサービスがある。その他にもいろいろある。

今日の基本的な資源は情報である。情報は他の資源と違い、稀少性の原理に従わない。逆に、潤沢性の原理に従う。本を売れば、その本は手元からなくなる。ところが、情報は売っても残る。むしろ大勢がもつほど価値が上がる。このことの意味は、経済理論そのものの再構築を必要とするほど大きい。マネジメントのあり方にとっても大きな意味がある。これまでの前提を変えなければならなくなることは間違いない。情報は、特定の産業や企業が独占しうるものではない。情報の使い道は一つではない。使い道のほうも、特定の情報にこだわることはない。依存することもない。

もはや特定の産業だけのための技術などというものはなく、あらゆる技術が、あらゆる産業にとって重要であり、重大な関わりをもつ可能性があることを前提としなければならない。また、いかなる財、サービスといえども使い道は一つでなく、逆に、いかなる使い道も、いかなる財、サービスにも縛られるものではないことを前提としなければならない。

このことが意味することは、第一に、企業、大学、教会、病院のいずれにせよ、顧客でない人たち

（ノンカスタマー）が、顧客以上に重要になったということである。政府による独占を別とすれば、最大の市場シェアを誇るものにとってさえ、ノンカスタマーの数のほうが顧客よりも多い。今日、市場シェアが三〇％を超えるものは稀である。逆にいえば、ノンカスタマーが七〇％を超えないものは稀である。ところが、そのノンカスタマーについての情報をもつ者が、同じく稀である。ノンカスタマーについての情報どころか、ノンカスタマーなるものの存在さえ知らない者がほとんどである。自分たちにとってのノンカスタマーが、なぜノンカスタマーのままでいるのかを知る者は、さらに少ない。

しかるに、変化はつねにノンカスタマーから始まる。

第二に、もはや自らの製品やサービスを中心に置いてはならないということである。自らの製品やサービスの市場、あるいは使い道さえ中心に置いてはならない。中心とすべきは、顧客にとっての価値である。すでに無数の例が教えているように、顧客は供給者が提供していると思っているものを買っているのではないことを前提にしなければならない。顧客にとっての価値は、供給者にとっての価値や質とは違う。このことは、企業にとっても、大学や病院にとってもいえる。

今後マネジメントは、技術とその用途を基盤とすることはできなくなったということである。それらのものは制約条件にすぎない。マネジメントが基盤とすべきは、顧客にとっての価値であり、支出配分における顧客の意思決定である。経営戦略は、そこから出発しなければならない。

マネジメントの範囲は法的に規定されるか

マネジメントは、理論と実務のいずれにおいても、企業、病院、大学その他を、法人格をもつ事業体として扱う。マネジメントの範囲は法的に規定されるとする。これは、今日ほとんど普遍的ともいうべき前提となっている。このような前提が生まれたのは、当初マネジメントの概念が、指揮命令を基盤としていたためだった。たしかに指揮命令の範囲は法的に規定された。企業のCEOにせよ、教会の司教にせよ、自らの組織の法的な境界を越えて指揮命令を行う権限はない。ところが、すでに一〇〇年も前に、マネジメントの範囲を法的に定義することは妥当でないことが明らかにされていた。

部品メーカーは、製品の企画、開発、コスト管理において、トヨタのようなアセンブラーと緊密な関係になければならないというマネジメント上の概念、すなわち系列なるものの生みの親は、日本企業とされている。しかし系列の歴史はもっと古く、その本当の生みの親はアメリカ人だった。一九一〇年、自動車工業が大産業になることを予見した男、ウィリアム・C・デュラント（一八六一～一九四七年）だった。

しかしデュラントの系列は、指揮命令権をマネジメントの基盤としていた。系列に組み入れるべき企業を買収していったのも、そのためだった。この戦略が、やがてGMの弱みとなった。デュラント自身は、部品事業部の競争力の維持に細心の注意を払っていた。フィッシャー・ボディ以外の事業部については、製品の半分を、外部すなわち競争相手に販売させることによって、コストと品質の競争力を維持させた。

第二次大戦後、それらの競争相手が姿を消していった。そのため各部品事業部の競争力を担保する手段がなくなった。しかも、一九三六年から三七年にかけての労働運動の高まりの結果、車種別事業部の賃金が上がった。それが部品事業部に波及し、今日まで続くことになった高コスト構造をもたらした。実に、デュラントの系列が、マネジメントとは指揮命令であるとの前提に立っていたことが、この二五年間のGMの凋落の原因となった。

ところが、一九二〇年代から三〇年代にかけて系列をつくりあげたシアーズ・ローバックは、この問題を初めから認識していた。同社は、アメリカ最大の大型小売店としての地位、特に電気製品と金物の小売りでリーダーの地位を築く過程で、供給業者をグループ化し、企画、開発、設計、コスト管理に共同で当たった。同社は、それらの供給業者を買収合併することはせず、いわば提携の象徴として、少数株主となるにとどめた。提携の具体的な内容は、すべて契約によっていた。

シアーズ・ローバックに続いて系列をつくりあげ、その後の日本企業をさえ上回って成功したのが、イギリスのマークス・アンド・スペンサーだった。同社は、一九三〇年代の初め、少数株式の保有さえなしに、契約による供給業者の系列化を行った。一九六〇年代に、これらの先駆者に続いたのが日本企業だった。

法的な支配の範囲に限定することなく、経済的なプロセス全体を統合した系列をもつ企業においては、そうでない企業に比べ、二五％から三〇％のコスト削減を実現できる。したがって、産業と市場の支配権を手にできる。

ところが今日では、この系列さえ十分ではなくなっている。系列は力関係を基盤としている。GM本社と一九一五年から二〇年にかけてデュラントが買収した各部品事業部の間にせよ、シアーズ・ローバック、マークス・アンド・スペンサー、トヨタとそれらへの供給業者との間にせよ、調達側が圧倒的に大きな力をもっている。それらの系列は対等ではない。供給業者側の従属によって成り立っている。

今日では、経済連鎖の概念のもと、対等な力と独立性をもつ者との間に、真のパートナーシップが生まれつつある。たとえば、医薬品メーカーと大学の生物学科である。第二次大戦後、日本へ進出したアメリカ企業と日本企業との合弁事業である。化学品メーカーや医薬品メーカーと、遺伝子工学、分子生物学、医療用エレクトロニクスの専門ベンチャーとのパートナーシップである。

これら新技術をもつパートナーは、通常おそろしく小規模である。資金難にあえぐところも少なくない。だが、成功の鍵となる技術をもっているのは彼らのほうである。したがって、技術に関するかぎり、それら弱小のベンチャーのほうが主役である。提携先を決めるのは、化学品や医薬品の大手メーカーではなく、彼らである。同じことは、情報技術や金融サービスの世界でも起こっている。いずれも、系列や指揮命令の通用しない関係が、重要な意味をもつにいたっている。

今日必要とされているものは、マネジメントの範囲の見直しである。マネジメントはあらゆるプロセスを対象としなければならない。企業において、それは経済的プロセスの全体でなければならない。こうして、理論と実務の双方において今後前提とすべきものは、マネジメントの範囲は、法的にではなく実体的に規定されるということである。マネジメントは、あらゆるプロセスを対象としなければならない。経済連鎖全体における成果と仕事ぶりに焦点を合わせなければならない。

マネジメントの対象は国内にかぎられるか

今日にいたるもマネジメントの理論では、企業とそのマネジメントが対象とすべき範囲は、国境によって仕切られた国内経済であると前提している。理論だけでなく実務においてさえ、いまだにこの前提が根強い。企業以外の組織でも、この前提は一般化したままである。

むかしながらのいわゆる多国籍企業の考え方がこれだった。第一次大戦以前においても、金融サービスをはじめとする経済活動は、今日とほとんど同じように国際的に行われていた。大戦前の一九一三年には、すでにリーダー企業は、国内と同じように海外でも活動を行っていた。しかし、あくまでも進出先国の国内での活動にとどまっていた。

第一次大戦中、イタリアの軍用自動車は、急成長していたトリノのフィアットが生産していた。同じく第一次大戦中、オーストリア＝ハンガリー帝国の軍用自動車は、ウィーンのフィアットが生産していた。後者は、親会社である前者の二、三倍の規模に成長していた。オーストリア＝ハンガリー帝国のほうが市場が大きく、特に西部では工業化が進んでいた。フィアット・オーストリアにとっては、フィアット・イタリアは親会社だった。しかし、設計以外は独立してマネジメントしていた。原材料、部品は国内で調達していた。販売も国内で行っていた。経営陣や従業員もオーストリア人だった。第一次大戦において、このオーストリア＝ハンガリー帝国とイタリアが敵になったとき、オーストリア・フィアットが行わなければならなかったことは、銀行口座の変更だけだった。

今日では、自動車工業にせよ保険業にせよ、そのようなマネジメントをしている企業はほとんどない。医薬品産業や情報産業のように第二次大戦後伸びた産業では、GMやアリアンツのように国内事業と国際事業の区別がない。国の境を越えて研究開発、設計、エンジニアリング、試験、生産、マーケティングを行うグローバルなシステムとしてマネジメントしている。

ある大手医薬品メーカーは、抗生物質など分野別の研究所を七か国にもっているが、本社の研究開発本部長のもとに研究開発部門を一つにまとめて、マネジメントしている。このメーカーは一一か国に工場をもっているが、世界中でマーケティングし、販売している。臨床試験をどの国で行うかも、本社の医務本部長が決めている。外国為替の管理も一か所で行っている。

かつて多国籍企業にとって、経済の現実と政治の現実は一致していた。国が経済単位だった。しかし今日のグローバル企業、および変身中のかつての多国籍企業にとって、国はコスト・センターにすぎない。企業にとって、あるいは企業以外の組織にとっても、国は、戦略上も生産活動上も、経済単位ではなく、厄介の種にすぎない。

マネジメントの対象と国境は一致しなくなった。もはやマネジメントの対象を政治的に規定することはできない。国境自体は、マネジメントにとって重要な意味をもち続ける。しかし今後前提とすべきは、国境は制約条件にすぎないということである。現実のマネジメントは、政治ではなく、経済の実体が規定する。

マネジメントの世界は組織の内部にあるのか

これらの間違った前提すべてから得られた大前提が、マネジメントの領域は組織の内部にあるというものだった。この前提があるために、マネジメントと起業家精神の区別などという、わけのわからないことが起こった。もちろん、そのような区別にはまったく意味がない。企業にせよ、いかなる組織にせよ、イノベーションを行わず、起業家精神を発揮することなく、永続することなどありえない。

マネジメントと起業家精神がコインの裏表であることは、そもそもの初めから認識されてしかるべきだった。マネジメントを知らぬ起業家が成功し続けることはありえない。イノベーションを知らぬ経営陣が永続することもありえない。企業にせよ、他のいかなる組織にせよ、変化を当然とし、自ら変化を生み出さなければならない。

起業家精神は、組織の外に始まり、組織の外に焦点を合わせる。それは、これまでマネジメントの領域とされてきたものに収まらない。起業家精神が、マネジメントと対立はしなくとも、異質のものとして受け止められてきたのは、そのためである。しかしマネジメントと起業家精神が、たがいに対立しないまでも、たがいに異質なものであると考えているようであっては、将来、倒産の憂き目を見ることと必定である。

マネジメントにおける内部重視の傾向は、近年の情報技術の発展によって、かえって増大している。いまのところ、いわゆる情報技術は、マネジメントの役に立つどころか邪魔になっている。

マネジメントの領域は組織の内部にあるなどということが前提とされてきたために、組織の内部における努力に焦点を合わせるようになってしまった。しかし、組織の内部に存在するものは努力だけである。組織の内部で発生するものはコストだけである。成果は、組織の外部にしかありえない。

マネジメントが組織の内部への関心からスタートしたことには理由があった。一八七〇年ころ、初めての大組織、しかも際立つ存在として大企業が登場したころは、組織内部のマネジメントが問題だった。そのようなものは、それまでまったくの未経験だった。しかし、マネジメントの領域は組織の内部にあるとの前提は、当時は意味があったとしても、今日では意味をなさない。そもそも組織の本質と機能に反する。マネジメントは、組織の仕事ぶりと成果に焦点を合わせなければならないからである。マネジメントの役割は、組織としての仕事ぶりと成果をあげることにある。これこそ、実際に取り組んでみれば明らかなように、もっともむずかしく、しかももっとも重要な仕事である。まさに、組織の外部に成果を生み出すために、組織が手にする資源を組織化することこそ、マネジメントに特有の機能である。

したがって、理論および実務としてのマネジメントが基盤とすべき前提は、マネジメントとは組織の外部において成果をあげるためのものであり、したがって、まずそれらの成果を明らかにし、次にそれを実現するために、手にする資源を組織しなければならないということである。マネジメントとは、企業、社会、大学、病院、あるいは女性保護協会のいずれであれ、自らの外部において成果をあげるための機関である。

本章は、何らかの結論を出すことを意図したものではない。問題を提起するためのものである。基本となるテーマは一つである。すなわち、今日の社会、経済、コミュニティの中心は技術ではない、情報でもない、生産性でもないということである。それは、成果をあげるための社会的機関としての組織であるということである。そして、この組織に成果をあげさせるための道具、機能、機関が、マネジメントである。

そしてもう一つ、前提とすべきパラダイムがある。マネジメントが対象とし、責任を負うべきものは、組織の仕事ぶりと成果に関わることすべてであるということである。

2章 「道具としての情報」を使いこなす

企業のコンセプトが変わった

三〇年から四〇年前にコンピュータが現われて以来、われわれは情報の重要性を過大評価し、かつ過小評価してきた。多くの人たちが、企業モデルなる数式とコンピュータによって、マネジメント上の意思決定を行い、事業をマネジメントできるようになると過大評価した。同時に、コンピュータをマネジメントのための道具としてのみとらえるという過小評価をした。

今日では、マネジメント上の意思決定を行ってくれる企業モデルなど、口にする者もいない。コンピュータが役に立っているのは、マネジメントにおいてではない。建築構造のソフトやCADなど、特定の業務に限られている。

われわれはコンピュータを過大評価したり、過小評価しただけではなかった。コンピュータが、われわれが取り組むべき問題そのものを大きく変えることに気づかなかった。

歴史が教えるように、道具とコンセプトはたがいに影響し合い、依存し合う。たがいに他方を変える。これが今日、コンピュータという道具と、企業についてのコンセプトの間で起こっていることである。すでに、コンピュータという新しい道具によって、企業についてのコンセプトは次のようにとらえることが可能となり、かつ必然となった。

第一に、企業とは資源の加工者である。コストを成果に転換する機関である。

第二に、企業とは経済連鎖の環である。コストを管理するには経済連鎖全体を把握しなければならない。

第三に、企業とは富を創出する機関である。

第四に、企業とは物的環境によってつくられる被創造物である。と同時に、物的環境をつくる創造的主体である。

情報のいくつかは、むかしから存在している。しかしその多くは、マネジメントの道具として有効に使われていない。事実、現在の形では、まだマネジメントの役には立たない。仕立て直しが必要である。今後重要になってくる情報についてさえ、それがどのようなものかは、だいたいのことしかわかっていない。要するに、道具としての情報は、いまだ適切に設計されていない。

しかしようやくわれわれは、道具としての情報の使い方のおおよそはわかるようになった。必要な情報のおもな部分についても、かなりのことがわかるようになった。これに伴い、明日の企業のコンセプトについても、かなりのことがわかるようになった。

原価計算から成果管理へ

企業と情報の再設計がもっとも進んでいるのは、最古の情報システムたる会計の世界である。すでに伝統的な原価計算から、活動に焦点を合わせた新しいコスト管理として、アクティビティ・ベース・コスティング（ＡＢＣ会計）に移行している企業も多い。新しいコスト管理では、事業、特に製造に関わる全プロセスというコンセプトが重視される。評価測定の方法も、伝統的な原価計算とは異なる。

七〇年ほど前にGMがつくった伝統的な原価計算は、製造の総コストは個別作業のコストの和であるとしていた。しかし、競争上および収益上、現実に意味をもつのは、製造の全プロセスにおけるコストである。それが、新しいコスト管理が記録し、管理しようとするものである。

新しいコスト管理は、原材料や資材や部品が工場に到着したところから、製品が最終消費者の手元に達するまでの全プロセスを問題とする。製品の据え付けやアフターサービスなど、たとえ消費者が別途負担することになるコストも、全プロセスのコストの一部としてとらえる。

伝統的な原価計算は、ねじ切りなど、何かを行うことに伴うコストを計算する。しかし新しいコスト管理は、機械の遊休時間や、材料や工具の待ち時間、出荷の待ち時間、不良品の手直しや廃棄など、何かを行わなかったことに伴うコストも計算する。伝統的な原価計算は、何かを行わなかったことに伴うコストについては、記録や計算をしない。しようとしてもできない。しかし現実には、そうしたコストは、何かを行うことに伴うコストに匹敵する。あるいは上回る。したがって、新しいコスト管理は、伝統的な原価計算よりもコストの管理に優れているだけでなく、成果の管理を可能にする。

伝統的な原価計算は、たとえば、熱処理のような作業は、当然行うものとし、しかも現在行っている場所において行うべきものとする。これに対し、新しいコスト管理は、そもそもそのような作業を行う必要があるかを問題にする。行う必要があるとしても、次に、それまで当然のこととして行ってきた場所で行う必要があるかを問題にする。

つまり、新しいコスト管理は、価値分析（ＶＡ）、プロセス分析、品質管理、原価計算など、これまでそれぞれ独立した分析手法として使っていたものを統合する。そのようにして、新しいコスト管理は製造コストを大幅に引き下げる。三分の一以上引き下げることがある。

しかし、新しいコスト管理が最大の成果をもたらすのは、サービス活動の分野である。製造業においても、現在のコスト管理は十分でない。しかし、銀行、流通、病院、学校、新聞社、放送局などのサービス産業では、これまで、コスト管理を行うどころか、コストについての情報さえ手に入れられなかった。

新しいコスト管理を導入することによって、これまで、なぜ伝統的な原価計算がサービス業で使えなかったかが明らかになる。原価計算の手法が間違っていたからではない。前提が間違っていたのである。サービス業では、製造業と違い、個々の作業を基礎としてコスト管理を行うことはできない。サービス業では、コストは一種類しかないことをコスト管理の前提としなければならない。すなわち、存在するのは事業の全プロセスで発生するコストだけである。しかもそれは、一定期間において一定額が発生する固定費である。事実、伝統的な原価計算が行っている固定費と変動費の区分は、サービス業ではほとんど意味がない。

伝統的な原価計算が前提としてきた労働の資本による代替も、サービス業では意味がない。

実際問題として、特に知識労働に関しては、設備投資は、労働力の削減どころか増大をもたらす。たとえば病院は、新しい診断用医療機器を購入すれば、その操作のための技師を必要とする。このことは他の知識組織についても言える。

一定期間の総コストが固定しており、かつ資源間の代替が不可能であるという事実こそ、事業の全プロセスをトータルなものとしてとらえ、コスト管理しなければならない理由である。新しいコスト管理は、この現実を前提とする。したがって、新しいコスト管理の導入によって、われわれは初めて、サービス業においても、コストに関わる情報を手に入れ、成果を管理することができるようになる。

たとえば銀行は、すでに数十年にわたって、伝統的な原価計算によって、すなわち、個々の作業コストを計算することによって、コストを管理すべく無駄な努力を重ねてきた。今日、ようやく銀行も、いかなる作業がコストの中心となっているか、またいかなる作業が成果の中心となっているかを自問するようになっている。

答えは、いずれも顧客へのサービスである。あらゆる種類の銀行業務において、顧客一人当たりのコストは固定費である。したがって、顧客一人当たりの成果、すなわち顧客一人当たりのサービスこそ、銀行のコストと利益を左右する。

小売りのディスカウンター、特にヨーロッパのディスカウンターは、このことをかなり前に理解した。陳列棚は固定費である。したがって、一定期間において、一定量の陳列棚からの収益を最大にすることが、マネジメントの主たる仕事である。そのため彼らは、低価格と低利幅にもかかわらず、収益の増加を実現している。

一部のサービス活動については、コストの管理はまだ開発途上にある。生産性の測定がほとんど不可能な研究所では、コストの測定さえ、主観的な評価や判断に依存せざるをえない。しかし、今後一〇年から一五年の間には、サービス活動のほとんどの領域において、コストを測定し、管理し、かつそれらのコストを成果と関連づけることが可能になるはずである。すなわち、あらゆる種類の事業において、顧客を獲得し維持するためのコストについて、新しいものの見方が可能となる。

たとえば、もしGMやフォードやクライスラーが新しいコスト管理を行っていたならば、最近はやりの新車購入者に対する大幅値引きや現金リベートという過当競争の不毛さも認識できたはずである。そのような販促活動は、ビッグスリーに対し、膨大なコスト負担を強いただけでなく、潜在的な顧客にまで逃げられるという結果をもたらした。

経済連鎖全体のコストを管理する

しかし、自社のコストについての情報を得るだけでは不十分である。ますます激化するグローバル市場で競争に勝つには、経済活動の連鎖全体についてコストを把握し、その連鎖を構成する他の企業との連携のもとに、コストを管理し、成果を最大化しなければならない。

したがって今日では、すでに多くの企業が、自社だけのコスト管理から、経済連鎖全体のコスト管理へと重点を移している。経済連鎖においては、最大の企業さえ環の一つであるにすぎない。法的に独立した存在としての企業は、株主や債権者、従業員や税務当局にとっては現実の存在である。しかしそれは、経済的には擬制にすぎない。

三〇年前、コカ・コーラはフランチャイザーだった。生産活動を行うボトラーは、それぞれ独立していた。今日コカ・コーラは、アメリカ国内では自らボトラーとして生産活動のほとんどを行っている。だが、コーラを飲む者は、そのようなことを知らない。知っていても気にしない。市場において意味があるのは、経済的な現実だけである。経済的なプロセス全体のコストである。誰が所有者であるかは関係ない。

企業経営史においては、無名の企業がどこからともなく現われ、一見たいした苦労もなく、数年のうちに市場を席巻し、リーダーの地位を獲得した例がいくらもある。その原因は、優れた経営戦略、優れた技術、優れたマーケティング、スリムな生産活動等々にあったと説明されている。

しかしそれらの例につねに共通して見られることは、新規参入者のコスト優位である。通常、三〇％のコスト差が見られる。その原因もまた、つねに同じである。新規参入者は、個々の事業活動のコストではなく、経済連鎖全体のコストを把握し管理している。

供給業者や販売店のコストまで把握し、管理することに成功したもっとも有名な企業が、トヨタである。すなわち、系列である。トヨタは系列のネットワークによって、生産、販売、サービスのコストを一つの流れとして把握し、もっともコストが安く、もっとも成果のあがる仕事をしている。しかし、経済的なコストの流れ全体を把握し管理することは、日本企業の発明によるものではなく、アメリカ企業によるものである。

それは、ＧＭを構想し設立したウィリアム・デュラントの発明である。一九〇八年ごろから彼は、ビュイック、オールズモビル、キャデラック、シボレーなど、比較的業績のよい中小の自動車メーカーを買収することによってＧＭをつくりあげた。一九一六年には、子会社としてユナイテッドモーターズを設立し、比較的業績のよかった中小の部品会社を買収した。そのなかには、チャールズ・ケタリングが発明したセルフスターターの特許をもつデルコも含まれていた。デュラントは、二〇社前後の部品メーカーを買収した。彼による最後の買収が、ＣＥＯを辞めさせられる前年の一九一九年に買収したフィッシャー・ボディだった。彼は、部品会社を買収しては、新車の構想段階から設計に参画させた。こうして生産コスト全体を一つの流れとして管理した。

つまるところ、デュラントが系列の発明者だった。

しかし一九五〇年から六〇年の間に、増大する労働組合の力によって、GMの部品事業部の賃金が独立系の部品メーカーよりも高くなった。そのため、せっかくの系列も、GMにとっては足枷となった。そして、GMの部品事業部の生産高の約半分を購入していたパッカードやスチュードベーカーなどの自動車メーカーが姿を消すにつれ、GMのコスト上、性能上の優位も失われていった。しかしGMのコスト管理は、実にそれまでの四〇年以上にわたって、当時高い生産性を誇っていたスチュードベーカーを凌ぐコスト優位をもたらし続けた。

デュラントのシステムを最初に導入した小売業がシアーズ・ローバックだった。同社は一九二〇年代に納入業者の少数株式を取得し、長期契約を結んだ。商品の設計段階から、それらの納入業者と協力し、商品コストを一つの流れとして把握し管理した。こうしてその後数十年にわたり不動のコスト優位を保持した。

一九三〇年代の初め、今度はロンドンに本拠を置くマークス・アンド・スペンサーが、このシアーズの方式を導入し、同じように成果をあげた。その二〇年後、トヨタを筆頭とする日本企業が、シアーズ・ローバックやマークス・アンド・スペンサーと同じことを行った。

一九八〇年代には、ウォルマートが同じ方式を導入し、供給業者に店舗の棚に直接納入させるようにした。こうして在庫をなくし、コストを三分の一近く削減した。だがこれらの企業は、まだ例外的な存在である。

価格主導のコスト管理が不可欠

一八九〇年代の終わりにアルフレッド・マーシャルが論じて以来、経済学は経済連鎖全体のコスト管理の重要性を説いてきた。しかしほとんどの企業が、今日にいたるも、それを単なる理論として聞き流している。今後、経済連鎖としてのコスト管理はますます不可欠となる。それどころか、コスト管理だけでなく、企業戦略や製品企画をはじめとするあらゆる活動について、企業の法的枠組みを超え、事業のプロセス全体を把握し、管理することが必要になっている。

しかも、経済連鎖全体のコストを管理するということは、コスト主導の価格設定から価格主導のコスト管理に移行することを意味する。欧米の企業は、コストからスタートし、これに利益幅を上乗せして価格を設定してきた。つまり、コスト主導の価格設定を行ってきた。しかし、シアーズ・ローバックやマークス・アンド・スペンサーだけは、はるかむかしから価格主導のコスト管理を行っていた。顧客が進んで払う価格を設定し、商品の設計段階から、許容されるコストを明らかにした。

これらの企業は、かなり最近まで例外的な存在だった。しかし今日では、価格主導のコスト設定のほうが一般化しつつある。まず、日本企業が輸出品についてこれを行った。今日では、ウォルマートをはじめ、日本、アメリカ、ヨーロッパのディスカウンターはすべて、価格主導のコスト管理を行っている。クライスラーの新型車やGMのサターンが成功したのも、このおかげだった。もちろん価格主導のコスト管理を行うには、経済連鎖のコスト全体について情報を把握し、管理することができなければならない。

この経済連鎖の考え方は、外部委託、提携、合弁など、支配被支配ではなくパートナーシップを基盤とする事業関係に現われる。それらの事業関係が、特にこれからのグローバル経済では、親会社と子会社という伝統的なモデルに代わって成長のモデルとなる。

しかしほとんどの企業にとって、この経済連鎖によるコスト管理への移行は容易でない。経済連鎖に組み込まれているすべての企業が、統一的な、あるいは少なくとも接続可能な会計システムをもたなければならない。現実には、それぞれの企業が独自の会計システムをもっており、しかも、自社のシステムを最善のものと信じている。

さらに経済連鎖によるコスト管理には、企業間の情報の共有が必要である。しかるに、同じ会社のなかでさえ、情報の共有にはつねに抵抗がある。だが、たとえそのような障害があるにしても、経済連鎖によるコスト管理は可能である。

プロクター&ギャンブルが、よい例である。同社は、ウォルマートが供給業者との間で築いている緊密な関係をモデルとして、三〇〇社にのぼる世界中の大規模小売り店舗との間で、情報の共有化と経済連鎖によるコスト管理を行っている。

いかなる障害があるにせよ、経済連鎖によるコスト管理を行わなければならない。さもなければ、いかに社内で生産性の向上を図ろうとも、競争力を喪失していく。

富を創出するための情報

企業は、富を創出することに対して代価の支払いを受ける。コストを管理することに対して支払いを受けるわけではない。この自明のことが、伝統的な原価計算には反映されていない。

会計学は、バランスシートによって企業の清算価値が示されると教える。最悪の事態において必要となる情報が、債権者に対し与えられるという。だが企業は、清算するためにマネジメントしているのではない。事業体として、すなわち富を創出するためにマネジメントしている。ここにおいて、事業上の意思決定のための情報が必要となる。すなわち、四つの種類の情報が道具として必要となる。

基礎情報、生産性情報、卓越性情報、そしてもっとも稀少な資源についての情報、すなわち資金情報と人材情報である。

基礎情報

基礎情報とは、経営の判断道具としての情報である。キャッシュフローや流動性、さらには、ディーラーの新車在庫台数と販売台数の比、収益と社債費の比、売掛金（半年超と総額）と売上高の比などである。

これらのものは、医師による基礎的な検査、すなわち体重、脈拍、体温、血圧、尿の検査に相当する。数値が正常であっても、特別なことを教えるわけではない。しかし異常があるならば、発見し処置すべき問題が存在することを教える。これが基礎情報である。

生産性情報

次の情報は、資源の生産性についてのものである。その最古のものは、第二次大戦中に開発された肉体労働者の生産性の測定である。しかしわれわれは、知識労働の生産性については、いまだ初歩的な段階にある。ようやく、その測定にとりかかったばかりである。もちろん、労働の生産性だけでは生産性について十分な情報を得たことにはならない。生産要素すべての生産性に関する情報が必要である。

これが最近、付加価値分析（ＥＶＡ）が広く使われるようになった理由である。しかしＥＶＡは、すべてむかしから知られている考えを基礎としている。われわれが利益と呼んでいるもの、つまり配当や利払いのための金は利益ではない。資金コストを超える利益を生み出さないかぎり、事業は赤字である。利益をあげているかのごとく税金を払っていても関係はない。使用した資金を超えるものを国民経済に返さなければならない。資金コストを超える利益をあげないかぎり、コストを賄ったことにはならない。富を創出したことにはならない。富を破壊したことになる。そのような視点に立つならば、第二次大戦以降、利益をあげてきた企業は、アメリカにはほとんどないといえる。

ＥＶＡは、コストに付加した価値を測定することによって、生産要素の生産性を測定する。ＥＶＡ自体は、ある製品ないしはサービスが、なぜ価値を付加しなかったか、したがって何をしなければならないかについては教えない。

しかしそれは、何か行うべきことがあるか、何を明らかにしなければならないかを教える。また、何がうまくいっているかを教える。いかなる製品、サービス、活動、作業の生産性が高く、価値をもたらしているかを教える。そこで「それらの成功から何がわかるか」を考えることができるようになる。

生産性についての情報を得るために最近使われるようになったもう一つの手法が、ベンチマーキングである。ベンチマーキングとは、自社の仕事を同一業界における他社の最高の仕事と比較することである。さらには、全産業界における最高の仕事と比較することである。ベンチマーキングは、ある組織にできることは他の組織にもできるはずであるとの前提に立つ。さらにそれは、少なくともリーダー企業と同じ水準の仕事をしなければ、競争優位は維持できないとの前提に立つ。生産要素すべての生産性を測定し管理するための道具が、ＥＶＡとベンチマーキングである

卓越性情報

第三の情報は、自社の強み（コア・コンピタンス）に関する情報である。リーダーの地位を得るに

は、他社にはできないこと、あるいは少なくとも、他社にはかろうじてしかできないことが、容易にできなければならない（C・K・プラハラードとゲーリー・ハメルの先駆的な論文「企業のコア・コンピタンス」〈『ハーバード・ビジネス・レビュー』一九九〇年五月―六月号〉を参照されたい）。

リーダー企業となるには、市場や顧客の価値と、生産者や供給者としての自らの特別の能力とを、結合する能力が必要である。

たとえば、日本企業の電子機器を小型化する能力である。この能力は、印籠という小さな漆器の入れ物に風景画を描いたり、この印籠を帯につけるための根付けというさらに小さな木片に動物の彫刻をする三〇〇年に及ぶ技術にさかのぼる。

あるいは、この能力は、GMの企業買収に関わる八〇年にのぼる成功の能力である。さらには、マークス・アンド・スペンサーの中流階層向け高級インスタント食品の開発能力である。

しかし、リーダーの地位に必要な強みとして、「何をすでにもっているか」「あるいは何を手に入れなければならないかを、いかにして知るか」「自らの強みが、向上してるか低下しているかを、いかにして知るか」「自らの強みは、現在でも適切か、いかなる変化が必要かを、いかにして知るか」

今日のところ、強みを知るための方法については、実例をもって示す以上のことはできない。とはいえ、高度に専門化した中堅企業のいくつか、たとえばスウェーデンの医薬品メーカーとアメリカの特殊工作機械メーカーが、強みを測定し、管理するための手法を開発している。

そのためには、自社および競争相手の仕事ぶりを丁寧にフォローし、予期せぬ成功を見つけ、さらには、当然成功するはずだった領域での予期せぬ失敗を見つけることである。予期せぬ成功は、市場が評価し、支払いを行ってくれるものを明らかにする。それは、リーダーの地位を得るうえで必要な優位性の存在を教える。これに対し、予期せぬ失敗は、市場の変化や自社の強みの後退を示す最初の兆候を教える。これらの分析は、機会の存在をいち早く教える。

たとえば、そのアメリカの特殊工作機械メーカーは、予期せぬ顧客として日本の中小機械メーカーがある高価なハイテク工作機械を買ってくれたことから、自社の強みを認識するにいたった。その工作機械を買ってくれたのは、技術的に複雑であるにもかかわらずメンテナンスが容易なためだった。この発見を他の工作機械にも適用したところ、アメリカや西ヨーロッパでも、中小の機器メーカーを顧客とする工作機械市場において、リーダーの地位を獲得するにいたった。

強みは、企業によって異なる。それはいわば企業の個性である。しかし、あらゆる企業、さらには、あらゆる種類の組織がもつべき共通の強みというものがある。すなわちイノベーションの能力である。あらゆる組織が、イノベーションに関わる自らの業績について記録し、評価するためのシステムをもたなければならない。一流の医薬品メーカーは、すべてそのようなシステムをもっている。それらのシステムは、自社の仕事ぶりからはスタートしない。一定期間における業界全体のイノベーションの実績を調べる。そして、「それらのイノベーションのうち、本当に成功したものはどれか」「それらのうち、わが社のものはいくつか」を調べる。

次に、「わが社の実績は、当初の目標に見合っていたか」「市場の方向性に合致していたか」「市場地位に見合っていたか」「研究開発費に見合っていたか」を分析する。

さらに、「わが社が成功したイノベーションは、成長力や機会が最大の分野におけるものだったか」

「逸してしまった重要なイノベーションの機会は、どのくらいあったか」「なぜそれらの機会を逸したか」「気がつかなかったからか、気づいていながら手をつけなかったからか。本気で取り組まなかったからか」を検討する。そして最後に、「わが社は、商品化にどのくらい成功したか」を問う。

もちろん、これらの問いの多くは、客観的な測定ではなく、主観的な評価を求めるものである。しかも、答えを出すというよりも、新たに問題を提起するものである。正しい問題を提起するためのものである。

資金情報と人材情報

富を創出するための活動に必要とされる第四の情報は、二つの稀少な資源、すなわち、資金と人材についての情報である。事業に関するいかなる情報といえども、これら二つの資源に関する情報が存在しなければ、行動には結びつかない。この二つの資源こそ、企業が優れた業績をあげるか、貧弱な業績しかあげられないかを決する。

七〇年前に、投資案件の選定について初めて体系的なプロセスを開発したのがGMだった。今日では、ほとんどあらゆる企業が投資について独自のプロセスを開発している。ただし、それを正しく運用している企業は少ない。ほとんどの企業が収益率、回収期間、キャッシュフロー、現在価値という四つの基準のうち、一つか二つだけで投資案件を評価している。

しかし、これら四つの基準のうち、それだけで足りるというものは一つもないことは、一九三〇年代の初めに明らかにされていることである。投資案件の評価にあたっては、四つの基準すべてについて調べなければならない。

六〇年前には、四つの基準すべてを計算するには、膨大な労力と時間を要した。今日では、ノートパソコンによって数分のうちに計算できる。

六〇年前から、提案された投資案件だけの検討にとどまることなく、機会とリスクの観点から、他の代替案件についても検討しなければならないことが明らかになっている。加えて、それらの検討結果すべてを一覧する投資計画案を作成しなければならないことが明らかになっている。しかしこれらのことも、実際には、ほとんどの企業が行っていない。

さらに深刻な問題として、ほとんどすべての投資案件について、次の二つのきわめて重要な情報を手にしていないという事実がある。

第一は、「採用した投資案件が約束した成果をもたらさなかったとき、何が起こるか」である。投資案件の六割は、約束した成果をもたらさない。「投資が約束した成果をもたらさないとき、重大な損害が生じるか、それともさしたる損害は生じないか」を検討しなければならない。

第二は、逆に、「採用した投資案件が成功し、あるいは予想以上の成果をもたらしたとき、次に何をしなければならないことになるか」である。GMでは、サターンが成功したとき次に何をしなければならないかを検討していなかった。そのため、資金手当てができなくなり、せっかくの成功も危うく無駄にするところだった。

さらに、すべての投資案件について、もたらすべき成果に期限を設けなければならない。いつまでに、何を期待するかを明らかにしておかなければならない。さらにまた、投資の成果が明らかになった時点で、「大成功だったか」「一応の成功だったか」「少々の失敗だったか」「大失敗だったか」について分析しなければならない。組織の仕事ぶりを改善していくうえで、投資の成果を、当初の約束や期待と比較対照することほど有効なことはない。

そもそも今日のアメリカの状況も、もし五〇年前から、政府の諸々の政策について、そのようなフィードバックを当然のこととして行っていたならば、はるかにましなものになっていたはずである。

しかし、資金は組織にとって、中心的ではあっても、もっとも稀少な資源というわけではない。組織にとって、もっとも稀少な資源は人材である。アメリカの軍では、第二次大戦以降、人事を検証するためのシステムを確立している。そのようなことを行っている組織は他にない。軍では、将校の部隊配属にあたって、彼らに要求するものを明らかにする。その要求に基づいて彼らの実績を評価する。そのうえ、将校の任命のプロセスそのものを評価する。

ところが、民間の企業では、異動や昇進をした者に対し、何を期待するかを明らかにし、その結果について体系的な評価を行うことがほとんどない。

企業が富を創出するには、資金の配分と同じように、明確な目的意識のもとに慎重な人員の配置を行うことが必要である。そのためには、人事の結果について、記録し、注意深く検討することが必要である。

事業の成果はどこにあるか

ところがこれら四つの種類の情報も、現在の事業の状況を教えるだけである。戦術について教えてくれるにすぎない。戦略については、企業の外部環境についての組織的な情報が必要である。戦略の策定には、市場、顧客、顧客ではない人たち（ノンカスタマー）、産業内外の技術、国際金融市場、グローバル経済の動きについての情報が必要である。なぜならば、それら外部の世界こそ、事業の成果が存在するところだからである。組織のなかには、コストセンターしかない。唯一のプロフィットセンターは、小切手を渡してくれる顧客である。

変革は、組織の外からやってくる。小売業では、店で買い物をしてくれる人たちについて知ることができる。しかし今日いかに繁盛していたとしても、自社が顧客として抱えているのは、市場のごく一部にすぎない。圧倒的な部分は、顧客ではない人たち、ノンカスタマーである。そして基本的な変化が始まり、それが重大な変革に発展していくのは、顧客でない人たちの世界においてである。

また過去五〇年間において、産業そのものを変えるような技術の少なくとも半分は、それぞれの産業の外からやってきている。

アメリカの金融界に革命をもたらしたコマーシャルペーパーは、銀行が開発したものではなかった。分子生物学や遺伝子工学は、製薬業から生まれたものではなかった。

そして今後とも、圧倒的に多くの企業が、それぞれの地方、地域において事業を行っていくであろうが、それらのいずれもが、世界の聞いたこともないようなところから、突然グローバルなスケールで競争を仕掛けられる危険に直面していく。

もちろん外の世界について、必要な情報をすべて手に入れることはできない。たとえば、中国の経済については、ほとんど情報がない。不確かな情報さえない。あるいは、旧ソ連の後継諸国の法律についても情報がない。ところが企業の多くは、簡単に手に入る情報についてさえ、十分な注意を払っていない。

一九六〇年代には、アメリカ企業の多くが、ヨーロッパ諸国の労働法規を十分調査せずに進出していった。ヨーロッパ企業も、同じように、アメリカについて何も知らずに進出してきた。一九九〇年代に、日本企業がカリフォルニアで招いた不動産投資の破局も、土地の用途規制や税制についての初歩的な情報不足に原因があった。

事業の失敗を招くにいたる致命的な誤りは、税制、社会規制、市場選好、流通チャネル、知的財産権などの企業環境が、自分たちの考えるようなものであるに違いない、あるいは少なくとも、そうでなければならないと安易に仮定し、決め込んでしまうことにある。したがって、そのような仮定に対し、つねに疑問を投げかけてくれる情報を得るためのシステムが必要である。期待する情報を提供してくれるだけでなく、正しい疑問を提起してくれる情報システムが必要である。

そのような情報システムを構築するには、企業自身が、自ら必要とする情報が何であるかを知らなければならない。さらに、そのような情報システムを構築した暁には、それらの情報を日常的に手に入れられるようにしなければならない。そして、あらゆる意思決定に反映させていかなければならない。

今日のところ、外部の情報を収集し、体系化できる情報システムを構築しようとしているのは、ユニリーバ、コカ・コーラ、ネスレ、日本の大商社、建設会社など、一部のグローバル企業にすぎない。ほとんどの企業は、まだ取り組んでもいない。

一般的に言って、情報の入手には、大企業といえども外部の助けを必要とする。実は、いかなる情報が必要かを徹底的に検討するためにも、高度に専門化され、情報の世界に通暁した外部の人間の助けが必要である。しかも情報の世界は広く、ひとりの専門家がすべてを知ることはできない。情報源は、多様たらざるをえない。

ある種の情報については、自ら入手できる。顧客やノンカスタマーについての情報であり、業界の技術についての情報である。しかし、知るべき経営環境についての情報のほとんどは、外部からしか手に入れられない。データバンク、データサービス、専門誌、経済団体、政府刊行物、世銀レポート、科学論文、諸々の調査結果である。

外部の助けが必要となるもう一つの理由は、情報は、戦略に疑問を投げかけ、問題を提起するものでなければならないからである。単にデータを提供してもらうだけでは不十分である。データは戦略に結びつけなければならない。それまで前提としてきたものを検証し、現在もっているビジョンに疑問を投げかけるものでなければならない。

そのための方法の一つが、たとえば、病院用や損保会社用としてすでに実用化されているソフトウェアを使うことである。弁護士にはレキシスのデータベースが情報を提供してくれる。ただしそれらの情報は、答えを出してくれるだけであって、問題を提起してはくれない。

現在特に必要とされているものは、情報の使い方について具体的に教え、事業や業務について具体的に聞き、双方向のコンサルティングをしてくれる情報サービスである。外部の情報システムにアウトソーシングすることも必要である。

しかし今日、特に中小の企業にとって人気のある情報システムが、コンサルタントである。コンサルタントとは内部化したアウトサイダーである。

いかなる方法で情報を入手するにせよ、きわめて大きな脅威とともに、きわめて大きな機会が存在する外部環境についての情報は、今後ますます、必要にして不可欠のものとなっていく。

情報を一つのシステムに統合する

もちろん、それら必要とされる情報のほとんどは、目新しいものではない。そのとおりである。情報の評価測定についても、その多くは、考え方としては、すでに長い間検討されてきている。

新しいものは、技術的なデータ処理の能力の向上だけである。この能力の向上のおかげで、ついこの間まで膨大な労力と費用をかけなければならなかったことを、迅速にかつ安く行うことができるようになった。七〇年前、フレデリック・Ｗ・テイラーの時間動作研究によって、今日の伝統的な原価計算が可能となった。今日、コンピュータによって、それなしでは不可能であったに違いないＡＢＣ会計が可能となった。

しかし実は、それらのものさえ、問題の核心ではない。重要なことは、道具に関わることではない。道具の背後にあるコンセプトに関わることである。新しいコンセプトが、かつては別々の目的のために個別に使われていた諸々の手法を、一つの情報システムに統合しようとしている。そのようなシステムだけが、企業の診断、企業の戦略、事業上の意思決定を可能とする。これこそまさに、情報の意味と目的に関わる革新的な変化である。それは、すでに過去となったものの記録や、事後処理のための情報から、未来の活動のための情報への進化である。

一八七〇年代に初めて現われた指揮命令を基本とする組織は、殻によって維持される有機体にたとえられる。これに対し、今日出現しつつある組織は、骨格、システム、関節としての情報を中心として設計される。われわれはこれまで、手の込んだ数学的な手法を使おうが、難解な社会学的な専門用語を使おうが、企業というものは、安く買って高く売るものと考えてきた。しかし、これからの新しいアプローチにおいては、企業は、価値を付加し、富を創出するものとしてとらえなければならない。

3章　目標と自己管理によるマネジメント

何に焦点を合わせるか

組織はチームをつくりあげ、一人ひとりの人間の働きを一つにまとめて共同の働きとする。組織に働く者は、共通の目標のために貢献する。彼らの働きは同じ方向に向けられ、その貢献は、隙間なく、摩擦なく、重複なく、一つの全体を生み出すよう統合される。事業が成果をあげるには、一つひとつの仕事を、事業全体の目標に向けなければならない。仕事は、全体の成功に焦点を合わせなければならない。期待される成果は、事業の目標に基づいて決められる。それは、組織の成功に対する貢献によって評価される。

組織に働く者は、事業の目標が自らの仕事に対し求めているものを知り、理解しなければならない。上司もまた、彼らに求め期待すべき貢献を知らなければならない。そして、それに基づいて彼らを評価しなければならない。

これらのことが行われないならば、組織に働く者は、方向づけを誤る。働きは無駄となる。チームワークの代わりに摩擦、不満、対立が生まれる。目標によるマネジメントには、特別の手法と非常な努力が必要である。組織においては、そこに働く者は、共通の目標に向けて自動的に方向づけされるわけではない。

マネジメントのセミナーでよく取りあげられる話に、何をしているのかを聞かれた三人の石工の話がある。最初のひとりは「これで食べている」と答え、次のひとりは「国でいちばんの仕事をしている」と答え、最後のひとりは「教会を建てている」と答える。もちろん、第三の男があるべき姿である。

第一の男は、一応の仕事をする。報酬に見合った仕事をする。問題は、第二の男である。職人気質は重要である。それなくして立派な仕事はありえない。事実、いかなる組織も、その成員に最高の腕を発揮することを要求しないかぎり、堕落する。しかし一流の職人や専門家には、単に石を磨いたり、瑣末な脚柱を集めたりしているにすぎないにもかかわらず、何かを成し遂げていると思い込む危険がある。たしかに一流の腕は重視しなければならないが、それはつねに全体のニーズと関連づけなければならない。

組織に働く知識労働者の数は、今後大きく増加していかざるをえない。彼らに要求される能力の水準も高まらざるをえない。したがって、機能や職能それ自体を目的にする傾向は、さらに顕著となる。ところが、新しい技術は緊密な協力を要求する。機能別部門のマネジメントのもっとも下のレベルの者に対してさえ、事業を全体から見ることを要求する。全体としての事業が、自らに何を求めているかを理解することを要求する。すなわち、新しい技術は、一人ひとりの人間が卓越性を追求するとともに、共通の目標に向けて方向づけされることを必要不可欠とする。

方向づけを間違えるおそれ

マネジメントの階層的な構造が、危険を大きなものにする。上司が言ったり行ったりすること、何気ない言葉、習慣、あるいは癖まで、部下にとっては、計算され意図された意味あるものと映る。「建前では人間関係が重要だといっているが、その実、部屋に呼びつけて言われるのは間接費の削減だ。ポストを手に入れるのは、経理への報告をうまく書ける者だ」というたぐいの文句が、あらゆる階層で聞かれる。そのような状況では、仕事の成果があがるはずはない。当の間接費の削減もおぼつかない。組織とマネジメントに対する信頼は失われ、敬意も失われる。

もちろん、そのように部下の方向づけを間違う上司も、わざとしているわけではない。人間関係こそもっとも重要であると自分でも信じている。間接費のことをいうのは、実務的なところも見せなければならないと思うからである。あるいは、現場の話をすることによって、部下の抱えている問題を知っていることを示せると思うからである。経理に出す数字を重視するのは、彼自身が、部下たちと同じように悩まされているからであり、あるいは経理ともめたくないからである。だが部下には、そのような理由はわからない。彼らが目にし耳にするのは、間接費の削減や経理への数字だけである。

この種の問題の解決には、組織に働く者の意識を、それぞれの上司にではなく、仕事が要求するものに向けさせることが必要である。経営書の多くが説いているように行動パターンや姿勢を強調しても、解決は得られない。逆に、人間関係に意識過剰となって、問題を大きくしてしまうおそれがある。

部下の方向づけを誤らないようにしようとして自らの行動を変えたために、それまでの満足すべき関係が不自然で誤解に満ちたものになってしまったという状況は、よく目にする。意識過剰になると、心安い関係も失われる。「なんとかしてくれ。前は何をしてほしいのかわかったが、いまでは想像するしかない」などとこぼされる。

何を目標とすべきか

社長から工場の現場管理者や事務主任にいたる全員が、明確な目標をもつ必要がある。それらの目標は、自らの部門が生み出すべき成果を明らかにしなければならない。他の部門の目標達成を助けるために、自らや自らの部門が期待されている貢献を明らかにしなければならない。そして、自らの目標を達成するうえで、他の部門からいかなる貢献を期待できるかを明らかにしなければならない。言いかえるならば、最初の段階から、チームワークとチームの成果を重視しなければならない。もちろん、そのような目標は、企業全体の目標から導かれなければならない。

ある企業では、会社全体の目標と生産部門全体の目標の詳細を、現場の小さな一部門にいたるまで示すことによって、成果をあげている。非常な大企業であって、現場それぞれの生産量と企業全体の生産量の間には、天文学的な違いがある。しかし、その成果は生産量の大幅な増大となって現われている。実際のところ、現場もマネジメントの一角というのであれば、これこそまさに行うべきことである。マネジメントとは、自らの行動によって全体への責任をとる者、すなわち石を切ることによって教会を建てる者のことである。

目標は、事業の繁栄と存続に関わりのあるあらゆる領域について、果たすべき貢献を明らかにしなければならない。もちろん、誰もが直接の貢献を果たせるわけではない。たとえばマーケティング部門が、工場の生産性に貢献できることはほとんどないかもしれない。しかし、ある者とその部門が、領域のいずれか一つについて、いかなる貢献も期待されていないのであれば、その旨は明確にしておかなければならない。なぜならば、彼らもまた、事業上の成果が、多様な領域における多様な努力と成果のバランスにかかっていることを理解しておく必要があるからである。

　このことを理解させておくことは、機能別部門に、それぞれの能力を最大限に発揮させつつ、しかも、それぞれが自らの王国を築き、島国根性に陥ることを避けさせるうえで絶対に必要である。少なくとも、自らの専門分野を過度に重視することを防ぐうえで必要である。

　もちろん一人ひとりの目標は、長期と短期の観点から明らかにすることが必要である。そして目標は、事業上の定量化できる目標とともに、人材開発、働く人たちの仕事ぶりや姿勢、社会的責任など、定量化できない目標を含むことが必要である。これらの条件を満たさない目標は、近視眼的であって意味がない。

キャンペーンによるマネジメントは失敗する

マネジメントを的確に行うためには、目標間のバランスが必要である。危機感をあおるマネジメントや、キャンペーンによるマネジメントを行ってはならない。キャンペーンとは無縁の組織もあるかもしれないが、それは今日あまりに一般的である。キャンペーンが終わって三週間もすればもとに戻ってしまうことは、みなが知っている。なかば予想している。経費節減キャンペーンにしても、せいぜい使い走りの男の子やタイピストが解雇され、高額年収の役員が、手紙のタイプという週給の仕事を自ら行わなければならなくなるだけである。

　にもかかわらず、キャンペーンによるマネジメントは役に立たないという自明の結論を出している組織が、あまりに少ない。そのようなマネジメントは、効果がないだけでなく、人を間違った方向に導く。他のあらゆることを犠牲にして、仕事の一部だけを強調する。

ある人は私にこう言った。「四週間かけて在庫を減らす。次に四週間かけてコストを引き下げる。次の四週間は人間関係に力を入れる。そのあとは顧客サービスである。そのころには、在庫はもとに戻っている。仕事をする暇もない。誰もが、先週は在庫について、今週は顧客の苦情について、話し、考え、説教する。ほかの仕事については知ろうともしない」

キャンペーンによるマネジメントを行っている組織では、キャンペーンに従って本来の仕事の手を抜くか、キャンペーンをサボって本来の仕事をするか、いずれかしかない。いずれにせよ、やがて誰も、「狼だ」という声に耳を貸さなくなる。本当の危機がやって来たとき、つまり、あらゆる仕事を一時さしおいて、緊急の問題に取り組まなければならないとき、みながその声をトップマネジメントの例のヒステリーと思う。

キャンペーンによるマネジメントは、当座しのぎのマネジメントと同じように、混乱の兆候である。無能の証拠である。いかに計画するかをトップマネジメントが知らないことを示す。何を期待すべきか、いかに方向づけすべきかを知らないことを示す。人を間違った方向に導いていることを示す。

一人ひとりの目標を明らかにする

マネジメントとは、その定義づけからして、自らの率いる部門が、その属する上位部門に対して行うべき貢献、つまるところ、企業全体に対して行うべき貢献について責任をもつ者である。その仕事は、下に向かってではなく、上に向かって行われる。すなわち目標は、その属する上位部門の成功に対して行うべき貢献によって規定される。地域担当の営業部長の目標は、彼とその部下である営業部隊が営業部門全体に対して行うべき貢献によって規定される。同じように、技術部門のプロジェクト担当部長の目標は、彼とその部下である技術者や製図工が、技術部門全体に対し行うべき貢献によって規定される。事業部長の目標は、彼の事業部が企業全体の目標に対し行うべき貢献によって規定される。

マネジメントたるものは、自らが率いる部門の目標を自ら設定しなければならない。もちろん、彼の上司には、そのようにして設定された目標を承認する権限がある。しかし目標の設定は、あくまでも部門の長である彼自身の責任であり、しかももっとも重要な責任である。同時にこのことは、あらゆる者が、自らの属する上位の部門全体の目標の設定について、責任をもって参画しなければならないことを意味する。人間関係論の用語として使われる「参加意識」では不十分である。マネジメントであるということは、現実に責任をもつことである。

目標は、好みではなく、組織の客観的なニーズによって設定しなければならない。まさにそれゆえに、誰もが、自らの属する上位部門の目標の設定について、積極的に参画しなければならない。「事業全体の究極の目標が何であるか」を知り、その内容を理解しなければならない。そして「自らに何が求められ、それがなぜであるか」「自らの成果は、何によって、いかに評価されるか」を知り、理解しなければならない。

上位の部門に対し貢献すべき者の全員が、その上位の部門の目標について徹底的に考えなければならない。言いかえるならば、上位の部門の目標設定に、責任をもって積極的に参画するようになっていなければならない。上位の部門の目標設定に参画して初めて、彼らの上司も、「彼らに何を期待し、どれだけ厳しい要求を課すことができるか」を知ることができる。

これはきわめて重要なことであって、私の知っているある組織では、さらに一歩進めて、年二回マネジャーズ・レターなる手紙を書かせている。上司あてのこの手紙で、部下たる者は、上司の仕事の目標と、自らの仕事の目標を明らかにする。次に、自らに要求されていると思う仕事の水準を書く。さらに、自らの目標を達成するために、自らが行うべきことを列挙し、自らの属する部門におけるそのための障害を列挙する。さらに、上司や会社が行っていることのうち、彼の助けになっていることと、障害になっていることを書く。最後に、自らが目標としたものを実現するために、今後一年間に自らが行うべきことを提案する。

上司がそれらのものを受け入れたとき、この手紙が、彼の仕事にとって憲章となる。この方法は、優れた上司さえ、無意識の何気ない言葉によって部下を混乱させ、誤り導いている事実を明らかにする。ある組織では、この制度を一〇年使っている。しかし今日にいたるも、手紙の受け手である上司が当惑させられることが、達成すべき目標や水準としてあげられてくるという。「これは何のことか」と聞けば、「この春、エレベーターのなかでおっしゃったことです」との答えが返ってくる。

さらにこの手紙は、組織の要求と上司の要求の矛盾を明らかにする。納期と品質の両方を満足させることは不可能であるにもかかわらず、両方を要求しているのではないか。組織としては何を望んでいるのか。自らの判断で主体的に行動するよう求めておきながら、実際には、必ず事前に報告させていないか。アイデアや提案を出せといっておきながら、採用どころか検討もしていないのではないか。新製品の設計に全力を尽くせと指示しながら、技術陣の一部を引き抜いて修理班を編成させているのではないか。一流の仕事を要求しておきながら、仕事のできない者をよその部署へ移すことを禁じているのではないか。「口を挟まれなければ、仕事はきちんとやれる」などといわれているのではないか。

これらのことは、どこでも目にすることである。いずれも士気と仕事ぶりを損なう。マネジャーズ・レターであっても、これらを完全に防ぐことはできない。しかし、この手紙はそれらの問題を表に出す。そして、いかなる妥協が必要であり、いかなる目標についての検討が必要であり、いかなる優先順位が必要であり、いかに行動パターンを変える必要があるかを明らかにする。

共通の方向づけを行うだけではなく、間違った方向づけをなくすための努力が必要である。相互理解は、上から下へのコミュニケーションや、単に話をするだけでは得られない。それを可能とするのは、下から上へのコミュニケーションである。そのためには、上司が進んで耳を傾ける意志をもつとともに、部下が話を聞いてもらえる特別の仕組みが必要である。

自己管理によるマネジメントに必要なもの

目標によるマネジメントの最大の利点は、自らの仕事ぶりを自らマネジメントすることが可能になることにある。適当に流すのではなく、最善を尽くすという強い動機がもたらされる。より高い目標とより広い視野がもたらされる。

したがって、目標によるマネジメントは、一人ひとりの人間の方向づけや仕事の一体性のためには不要だとしても、自己管理によるマネジメントのためには必要である。

目標によるマネジメントの最大の利点は、支配によるマネジメントを自己管理によるマネジメントに代えるところにある。今日アメリカでは、自己管理によるマネジメントが優れた望ましいものであるということに、ほとんど異論はない。最近流行の「末端での意思決定」や「業績による報酬」という手法の根底にも、自己管理によるマネジメントの考えがある。

しかし、自己管理によるマネジメントを実現するためには、その考えを正しく望ましいものとして認めるだけでは不十分である。そのための道具立てが必要である。これまでの考え方や仕事の仕方について、思いきった変革が必要である。自らの仕事を管理するには、自らの目標を知っているだけでは十分ではない。自らの仕事ぶりとその成果を、目標に照らして評価測定することが必要である。したがって、事業のあらゆる領域について、明確な共通の評価基準を与えることが必要である。

それらの評価基準は、定量的でなくともよい。緻密でなくともよい。しかし、明確、単純、かつ合理的であることが不可欠である。注意と努力を、向けるべきところへ向けるものであることが必要である。そして信頼のおけるものであることが必要である。少なくとも、誤差の範囲が認識され理解される程度に要を得たものであることが必要である。そしてそれらは、複雑な解釈や哲学的な理論を抜きにして理解できるものでなければならない。

もちろん、自らの仕事ぶりを評価測定するための情報をもつことが必要である。所期の成果を達成するために必要な措置をとれるよう、情報は早く得ることが必要である。しかもそれらの情報は、彼らの上司にではなく、彼ら自身に直接伝わることが肝要である。情報は、自己管理の道具であって、上からの管理の道具であってはならない。

このことは、情報の収集、分析、総合に関わる技術の進歩によって、情報収集能力が急速に増大している今日、特に重要である。これまで、重要な事実に関する情報は、まったく手に入らないか、時間がかかりすぎて記録上の意味しかもたないかのいずれかだった。

しかしこれまで、仕事ぶりを評価するための情報が簡単に手に入らなかったことは、悪い面ばかりではなかった。なぜならば、そのことによって効果的な自己管理はむずかしくしたが、上からの管理をもむずかしくしていたからである。上からの管理のための情報がないために、自らの判断に従って仕事をすることができた。

いまや、仕事と成果を評価測定するための情報が容易に入手できるようになったため、効果的な自己管理が可能となった。もしそれらの情報が、本当に自己管理のために使われるならば、マネジメントの仕事と成果は大きく進歩するに違いない。しかし、もし上からの管理のために使われるならば、せっかくの情報も、働く者の士気を損ない、彼らの成果を著しく低めることになる。情報を、いかに使うべきかは、GEに見ることができる。

GEには、巡回監査なる特別の業務監査システムがある。あらゆる部門が、少なくとも年一回、徹底的な業務監査を受ける。ただしその報告は、監査された部門に直接渡される。GEでは会社に対する信頼感が感じ取れる。そのような信頼は、情報を上からの管理ではなく、自己管理のために使うというこの慣行にも起因する。

しかしこのようなGEの慣行は、一般的になってはいないし、広く理解されているわけでもない。典型は依然として、次のようなある化学品メーカーに見られるものである。

このメーカーでも、監査部門が全部門の業務監査を行っている。しかし監査の結果は、監査を受けた部門には渡されない。社長に渡される。社長はその報告書を手に、各部門の長を呼びつける。これが、士気にいかなる影響を与えているかは、その監査部門につけられたゲシュタポの名で明らかである。もはやそのメーカーでは、各部門の長は、最高の成果をあげるためではなく、監査報告書によく書かれるために、自らの部門をマネジメントしている。

このことは、仕事の基準を低く設定すべきであるとか、管理は不要であるということではない。逆に、自己管理こそ、高い仕事の基準を設定する。マネジメントたる者は、自らの成果について全面的に責任をもつ。もちろん、それらの成果をあげるための仕事は、彼ら自らが、そして彼ら自らのみが管理する。しかし、組織が、いかなる行動と方法を不合理、素人的、不健全として禁じているかは明確に理解しなければならない。しかし許された枠のなかでは、何をなすべきかは彼ら自身が自由に決定する。

人は、自らの仕事についてあらゆる情報をもつとき、初めてその成果について全責任を負うことができる。

報告と手続きに支配されるな

自己管理によるマネジメントを実現するには、報告、手続き、書式を根本的に見直すことが必要である。報告と手続きは道具である。だが、これほど誤って使われ、害をもたらすものもない。報告と手続きは、誤った使い方をされるとき、道具ではなく支配者となる。

報告と手続きの誤った使い方は三つある。

第一に、よく見られる誤りとして、手続きを規範とみなす。もちろん、そうであってはならない。手続きは、完全に効率上の手段である。何をなすべきかは規定しない。迅速に行うための方法を規定する。行動の正しさは、手続きとは関係ない。逆にいうならば、正しい行動は手続きによって実現されない。

第二に、手続きを判断の代わりにする。しかし、手続きが有効に働くのは、もはや判断が不要になっているときである。すでに判断を行い、その判断の正しさが検証されているという反復的な状況だけである。われわれの文明は、印刷された書式の魔力にとらわれている。この迷信は、例外的で非日常的な状況を手続きによって処理しようとするとき、もっとも危険となる。まさに、日常の処理において、判断による意思決定や特別扱いを必要とする異常な状況を識別するものこそ、優れた手続きである。

第三に、もっともよく見られる間違った使い方は、報告と手続きを上からの管理の道具として使うことである。このことは特に、マネジメントの上層に情報を提供するための報告書や手続き、つまり日常の諸々の書式についていえる。自らの仕事に必要のない情報を本社の経理部、技術部、その他のスタッフに知らせるために、二〇種類もの書式に記入しなければならない工場長の例はいくらでも目にする。その結果、工場長の注意は、肝心の本来の仕事からそらされる。

単に管理上の目的のために依頼され要求されていることが、組織が何にもまして求めているものに思われ、自らの仕事の本質であるかのように錯覚する。憤慨しつつも、本来の仕事ではないそれらのことに力を入れる。そして彼の上司までもが、誤って導かれることになる。

数年前、ある大手の保険会社がマネジメント改善計画なるものをスタートさせた。保険更新、保険金支払い、営業費支出、営業方法など、あらゆる活動を掌握する大がかりな組織をつくった。おかげでトップマネジメントは、事業の隅々まで把握できるようになった。ところが、業績のほうは下り坂となった。現場が報告書の作成に時間をとられ、本来の仕事に十分な時間を使えなくなったためだった。そのうえ、実際の仕事よりも、いかによく見せるかに力を入れるようになった。仕事が行われなくなっただけでなく、組織の風土までおかしくなった。やがて現場は、トップマネジメントとそのスタッフを、ごまかすべき相手、あるいは敬遠すべきものとして見るようになった。

これに似た話は、あらゆる産業において、あらゆる規模のあらゆる企業に見られる。このような状況は、スタッフの概念の誤りに起因するところもある。しかし何よりも、手続きを管理の道具として、誤って使った結果であることが多い。

報告と手続きの数は最小限にとどめ、時間と労力を節約するためにのみ使うべきである。それは、可能なかぎり簡明なものにとどめておくべきである。

あるハイテク産業の社長が、次のような経験を話してくれた。一五年前、ロサンゼルスのある中小企業を買収した。買収価格は、年間の利益二五万ドルを基礎に決まった。工場長として残ることになった元オーナーと工場を見て回ったとき、その社長は、「製品の価格はどう決めていましたか」と聞いた。「簡単です。あなたのところよりも〇・一%安くしていました」が答えだった。「それでは、コスト管理はどうしていましたか」と聞いたところ、「それも簡単です。原材料費と人件費を計算して、それに見合う生産量を決めていました」が答えだった。「では、間接費をどう管理していましたか」と聞いたところ、「別に気にしていませんでした」が答えだった。

そこでその社長は、この工場にわが社の徹底したコスト管理を導入すれば、大いに利益をあげられるに違いないと思ったという。しかし一年後には、その工場の利益は、一二万五〇〇〇ドルへと半減した。売上げも価格も同じだったが、複雑な手続きの導入によって、利益が食いつぶされてしまった。

あらゆる企業が、現在使っている報告と手続きのすべてについて、本当に必要かどうかを定期的に検討する必要がある。少なくとも五年に一度は、すべての書式について見直しを行わなければならない。

私はかつて、ある公益事業に対し、報告と書式がアマゾンのジャングルのようにはびこり、窒息しそうになっている状況を一掃するために、かなり抜本的な提案を行い、それを実行してもらったことがある。私は、あらゆる報告を二か月廃止し、現場がどうしても必要だというものだけを復活させることを提案した。その結果、その企業では、報告と書式の四分の三を削減した。

報告や手続きは、重要な領域で成果をあげるうえで必要なものに限定すべきである。すべてを管理しようとすることは、何も管理しないに等しい。成果に直接関係ないことを管理することは、人を誤って導く。

最後に、報告と手続きは、記入する者自身にとっての道具でなければならない。記入者を評価するための道具にしてはならない。生産に関する書式への記入のでき栄えによって、人を評価してはならない。書式への記入ぶりによって評価してよいのは、それを専門にしている事務員だけである。生産に関わっている者は、その成果によって評価しなければならない。このことを確実にするための唯一の方法は、彼ら自身が成果をあげるうえで必要な書式と報告以外は、いっさい書かせないことである。

個人の目標と全体の利益を調和させる原理

今日必要とされているものは、一人ひとりの人間の強みと責任を最大限に発揮し、彼らの視野と努力に共通の方向性を与え、チームワークを発揮させるためのマネジメントの原理、すなわち、一人ひとりの目標と全体の利益を調和させるためのマネジメントの原理である。これらのことを可能とする唯一のものが、目標と自己管理によるマネジメントである。目標と自己管理によるマネジメントの原理だけが、全体の利益を、一人ひとりの目標にすることができる。

この原理が、外からのマネジメントに代えて、より厳しく、より強く、より多くを要求する内からのマネジメントを可能にする。この原理だけが、指示や命令ではなく、仕事のニーズによる行動への意欲を起こさせる。誰かの意志によってではなく、自ら行動しなければならないという自らの決定によって行動させるようになる。言いかえるならば、自由な人間として行動させる。

今日、マネジメントの世界では、哲学という言葉が好き勝手に使われている。ある企業では、「購入申し込みの哲学」なる副社長の指示書まである。私が読んだかぎりでは、その哲学とは、資材の購入申し込みにあたっては書類が三通必要ということのようだった。

目標と自己管理によるマネジメントこそ、まさにマネジメントの哲学と呼ぶべきものである。この原理は、マネジメントの概念そのものを基盤とし、マネジメントのニーズと障害についての分析からスタートしている。人間の行動や動機づけについての洞察を基礎としている。企業の規模を問わず、あらゆるレベルのあらゆる人間に適用することができる。それは、成果の達成を確実なものにするために、客観的なニーズを一人ひとりの人間の目標に変える。真の自由を実現する。

4章　人事の原則

一流の人事はどこが違うか

マネジメントは、人事に時間をとられる。そうでなければならない。人事ほど長く影響し、かつもとに戻すことがむずかしいものはない。ところが、昇進、異動のいずれにせよ、実態はまったくお粗末である。平均打率は、三割三分三厘以下である。正しい人事が三分の一、まあまあが三分の一、まったくの失敗が三分の一である。

お粗末な仕事ぶりが許されているのは、人事をおいて他にない。もちろん、そのような状況を我慢する必要はない。我慢してはならない。人事に完全無欠はありえないが、限りなく一〇割に近づけることはできる。なぜならば、人事こそ、もっともよく知られた分野だからである。事実、完璧に近い人事を行うトップは多い。

真珠湾攻撃のころ、アメリカの将軍団はいずれも高齢だった。若手の高級将校には、実戦経験がなかった。ところが戦争が終わるころには、アメリカは史上最高の将軍団を擁していた。参謀総長ジョージ・C・マーシャルによる人事の結果だった。彼の人事がすべて成功したわけではなかった。だが、失敗は皆無だった。

アルフレッド・スローンは、GMを経営していた四〇年間、マネジメントの人事をすべて自ら行った。生産、経理、技術各部門のマネジメント、部品工場の技師長の人事にいたるまで自ら行った。今日、スローンの視野や価値観が狭かったという批判がある。そのとおりである。スローンは内部の効率に目を奪われ、社会的責任や地域との関係など、外部のことにあまり関心を払わなかった。しかし、人事はつねに一流だった。

共通する四つの原則

人事に完璧な者はいない。しかし、人事に卓越した者はいる。マーシャルとスローンは、これ以上考えられないほどたがいに異質だった。だが、二人は同じ考えのもとに人事を行っていた。

第一に、ある仕事につけた者が成果をあげられなければ、人事を行った自分の間違いである。その者を責めるわけにも、ピーターの法則をもち出すわけにもいかない。愚痴をこぼすわけにもいかない。自分が間違ったのである。

第二に、兵士には有能な指揮官をもつ権利があるとは、シーザー以前からの金言である。少なくとも責任感のある者が成果をあげられるようにすることは、マネジメントの責任である。

第三に、あらゆる意思決定のうち、人事ほど重要なものはない。組織そのものの能力を左右する。したがって、人事は正しく行わなければならない。

第四に、人事には避けなければならないことがある。たとえば、外部からスカウトしてきた者に、初めから新しい大きな仕事を与えてはならない。リスクが大きい。そのような仕事は、仕事のやり方や癖が明らかであって、かつ組織内で人望のある者にまかせるべきである。地位の高い新人には、何を期待されているかが明らかであって、しかも手助けしやすい仕事を与えなければならない。

踏むべき手順

これら人事の原則があまり多くないのと同じように、人事の手順もさほど多くはない。

第一に、仕事の中身をつめなければならない。職務規定そのものは変えなくてよい。ある大メーカーでは、三〇年前に事業部制に移行して以来、事業部長の職務規定をほとんど変えていない。カトリックの司教の職務は、一三世紀の教会法の制定以来、まったく変わっていない。しかし、仕事の中身は、つねに、そして思いもかけず変わっていくことを知っておかなければならない。

一九四〇年代の初め、私はGMのスローンに対し、三人の同じような資格をもつ者のいずれを小さな部品事業部の販売部長にするかという、あまりに小さな人事に時間をかけすぎているのではないかと指摘したことがある。これに対し彼は、「このポストの仕事が、最近どのように変わってきたかを見てほしい」と答えた。驚いたことに、そのポストの仕事はつねに変わっていた。

ジョージ・マーシャルは、第二次大戦中、師団長を任命する際には必ず、そのポストの、その後一年半から二年にかけての仕事の中身について検討していた。新しい師団を編成し訓練することは、一つの仕事である。師団を戦場で率いることも、まったく別の仕事である。弱体化した師団に士気と戦闘力を取り戻させることも、別の仕事である。

販売部長を選ぶ場合にしても、その仕事の中身をよく知っておかなければならない。現在の営業陣が高齢化したために、新たにセールスマンを採用し訓練する必要があるのか。むかしからの市場では健闘しているものの、新しい成長市場ではうまくいっていないために、市場を開拓する必要があるのか。あるいは、売上げのほとんどが、これから伸びる製品ではなく、二五年も前からの古い製品であるために、新製品の導入を図る必要があるのか。これらの仕事は、いずれも別々の仕事であり、したがって、必要な人間も違う。

第二に、複数の候補者を検討しなければならない。候補者は複数用意しなければならない。もちろん、その資格を満たさない者は候補者にはできないという必須の資格はある。しかし、仕事には相性がある。したがって、つねに三人から五人の候補者について検討しなければならない。

第三に、強みを中心に検討しなければならない。仕事の中身をつめていけば、任命された者が優先して行うべきこと、集中して行うべきことが明らかになる。重要なことは、何をできないかではない。強みは何か、その強みはその仕事の中身に合致しているかである。もちろん弱みは、マイナスである。それだけで候補者を失格させることがある。たとえば、技術的な面では優れていても、仕事の中身がチーム編成能力を必要としており、その者にその能力がなければ、失格となる。

しかし、たとえそうであっても、人事に成功するには、候補者の弱みを見ることからスタートしてはならない。弱みを中心に見ていたのでは、いかなる成果も生み出せない。成果を生むものは、強みである。

マーシャルやスローンは、高いレベルを要求したが、大事なことは仕事の能力だということを知っていた。その能力さえあれば、あとは組織として補いようがある。だが、それがなければ、他の能力はすべて意味がない。

マーシャルは、訓練担当の将校が必要であれば、何をおいても、新兵を一人前の兵隊に育てられる者を探した。普通、一つのことに秀でた者は何らかの弱みをもっている。失言癖があるために、マスコミとの関係がギクシャクする者がいる。虚栄心が強く、自分勝手で、上官ともめてばかりいる者がいる。しかし、訓練の能力がありさえすれば、それらの弱みは気にする必要がない。必要とされている能力が最高であるならば、ポストはその者に与えるべきである。

フランクリン・ルーズベルトやハリー・トルーマンも、閣僚の人選にあたって、重要なことは、弱みではなく、何をできるかであるとしていた。彼ら二人が、二〇世紀のアメリカ大統領のなかで、もっとも強力な閣僚陣を擁したことは偶然ではない。

第四に、候補者について知っている者から、考えを聞かなければならない。人の評価に際しては、ひとりだけの判断は無効である。誰でも、何がしかの片寄りや好き嫌いがある。したがって、何人かの考えを聞かなければならない。

将軍や司教の選出では、このプロセスが公式に義務づけられている。有能なトップマネジメントは、これを非公式に行っている。ドイツ銀行を率いていたヘルマン・アプスは、関係会社のトップマネジメントの人選において右に出る者がいなかった。事実、戦後ドイツ経済の担い手となった人たちの多くが、彼の人選によっていた。その彼が、候補者一人ひとりについて、その上司や同僚から直接考えを聞いていた。

第五に、新しいポストにつけた者に、仕事の中身を理解させなければならない。新しいポストに就任して三、四か月たったならば、前の仕事ではなく、その新しい仕事が要求するものに焦点を合わせさせなければならない。その者を呼んで、「地域担当の販売部長になってもらって三か月たつ。新しいポストで成功するには何をしなければならないか、一週間ほど考えて、答えを聞かせてほしい。だが、この場ではっきり言っておくが、これまでやってきた仕事のやり方では、新しいポストはこなせない」と言ってやらなければならない。

このプロセスを踏まないかぎり、新しいポストについた者の仕事ぶりが満足できなくとも、責めることはできない。自らを責めるべきである。人事を行った者として、行うべきことを行っていないからである。昇進人事における失敗の最大の原因は、人事を行った者が、新しい仕事が要求するものについて徹底的に考えることを怠り、しかもそのポストについた者にもそれを考えさせないことにある。これは、今日のアメリカ企業に見られる最大の欠陥である。

そのよい見本が、数か月前、ほとんど泣きださんばかりにして私に電話をしてきた優秀な元教え子だった。「一年前、初めて大きなチャンスを手に入れました。技術部長になりました。でもいまでは、もう終わりだと思われています。前よりずっとよい仕事をしたのにです。特許をとれる製品を三つも開発したのにです」

人間誰しも、「すごくよいことをしたに違いない。さもなければ、この新しいポストにはつけなかった。だから、この昇進をもたらしてくれたことを、もっとやろう」と考える。新しい仕事が新しい仕事の方法を必要とするということは、ほとんどの人間にとって、自明の理ではない。

私自身五〇年近く前、はるかに責任の重いポストにつけてくれた上司が、四か月ほどして私を呼びつけ、このことを考えさせてくれたことがある。それまで私は、前と同じことをさらに立派にやろうとしていた。ありがたいことにその人は、新しいポストが、それまでとは違うやり方、考え方、人との関わり方を要求しているということを私に理解させることが、彼自身の責任であることを知っていた。

失敗したらどうするか

これらのプロセスをすべて踏んでも、人事の失敗はなくならない。しかも、決してリスクがなくならない種類の人事がある。

研究所、技術部、法務部など、専門分野のマネジメントの人事にはリスクがつきものである。専門家というものは、その専門領域で一流でない者を上司として受け入れようとしない。そのため、技術部長は技術部のなかから選ばざるをえなくなる。しかし、技術者としての能力と、技術部長としての能力の間に関係はない。あったとしても、せいぜい逆の相関関係である。

事業部門の部長を本社のスタッフ部門のポストに昇進させたり、逆に、スタッフ部門の専門家を事業部門のポストに昇進させることにも、リスクが伴う。現場で育った者は、スタッフ部門の緊張、圧力、人間関係に耐えられないことがある。地域担当の優秀な販売部長が、市場調査や、販売予測や、価格設定の責任者になると、途方に暮れることがある。ある人間が、新しい環境に向いているかどうかを事前に知る方法はない。後知恵でしかわからない。したがって、昇進や異動がうまくいかなかったときには、ただちに再異動させる必要がある。「私が間違った。直すのは私の責任である」と考えなければならない。

間違った人事をされてしまった者を、そのままにしておくことは温情ではない。意地悪である。もちろん辞めさせる理由はない。一流の技術者、一流の分析専門家、一流の販売部長は、つねに必要である。もっとも妥当な解決策は、以前のポスト、あるいはそれに相当するポストに戻すことである。この方法は、ほとんどがうまくいく。

そして最後に、あるポストが、一五〇年前、ニューイングランドの船長たちが「後家づくり」と呼んだ船と同じ類のものになったとき、人事は失敗する。いかによく設計されていても、船員が死ぬような大事故に何度も見舞われるようになると、船主たちは、船を直したりしなかった。ただちに、壊した。この「後家づくり」のポスト、つまり優秀な者さえ失敗させてしまうポストは、組織が急速に成長したり、変化したりしたときに現われる。

一九六〇年代から七〇年代初めにかけて、アメリカでは商業銀行の国際担当副頭取のポストが、「後家づくり」のポストになった。それまでは、誰にもつとまるポストだった。かつては、凡庸な者でもつとまる地位の高い便利なポストとされていた。ところが突然、このポストにつく者が、次々と挫折するようになった。いまから考えると、国際業務が、何の予告もなく、急に銀行と顧客の双方にとって、日常業務の一部になってしまったためだった。誰にでもできた仕事が、もはやそうではなくなっていた。

前のポストで立派な業績をあげていた二人の人間が、たて続けに失敗したときには、「後家づくり」のポストと見なければならない。そのときは、万能の天才を要求してはならない。ポストそのものをなくすべきである。普通の有能な人間が成果をあげられない仕事は、誰を配属しても無理である。三人目も、前の二人と同じように挫折する。

人事には姿勢が現われる

マネジメントの究極の手段は、人事である。その半面、人事は、マネジメントがどの程度有能であるかも、その価値観がいかなるものであるかも、仕事にどれだけ真剣に取り組んでいるかも明らかにする。人事は、いかに隠そうとしても、結局は知られる。それは、際立って明らかである。

かなり地位が高い者でさえ、個々の戦略が正しいかどうか判断がつきかねることがある。そもそも、関心があるともかぎらない。「なぜオーストラリアであの買収を行うのか」。でもまあ、このフォートワースに害はあるまい」が大方の反応である。

ところが、「ショー・スミスが、XYZ事業部の経理部長になった」ことを知らされたときには、誰もがショーのことを知っている。しかも、通常、人事を行ったトップマネジメントよりも知っている。したがって「ショーには資格がある。最高の人事だ。急成長しているあの事業部を管理するうえで適任だ」という反応が返ってこなければならない。これは誰にもわかることである。

「あれがこの会社で出世する方法だ」とうなずかれるようであってはならない。やがてみながうまく立ち回ろうとするようになる。そして、そのような行動をとらせる会社を恨む。事実、追従家となるか、辞めていく。

むかしから知られているように、組織の人間というものは、他の者がどのように報われるかを見て、自らの態度と行動を決める。したがって、仕事よりも追従のうまい者が昇進していくのであれば、組織そのものが、業績のあがらない追従の世界となっていく。公正な人事のために全力を尽くさないトップマネジメントは、組織の業績を損なうリスクを冒すだけではない。組織そのものへの敬意を損なう危険を冒していることになる。

5章　同族企業のマネジメント

生き残りを左右する原則

先進国では、企業の大半を同族が所有し、マネジメントしている。同族経営は、中小企業に限らない。世界最大級の企業もある。

リーバイ・ストラウスは、一世紀半前の創立以来、同族所有であり同族経営である。デュポンも一八〇二年の創立以来、一九七〇年代半ばまでの一七〇年間、同族経営だった。そして、世界最大の化学メーカーに成長した。

二〇〇年前、ある無名の両替商が、ヨーロッパのいくつかの主要国の首都に息子たちを駐在させた。今日、ロスチャイルドの名を冠し、同家によってマネジメントされる金融機関は、世界のトップクラスにある。

ところが、マネジメントについての本や講座のほとんどが、経営のプロによってマネジメントされる上場企業だけを扱っている。同族企業に触れることはほとんどない。同族企業と他の企業の間に、研究開発、マーケティング、経理などの仕事で違いがあるわけではない。しかし、同族企業はマネジメントの構成に関して、いくつかの原則を必要とする。それらの原則は厳しく守らなければならない。さもなければ、生き残ることはできず、繁栄など到底できない。

できの悪いものは働かせるな

第一の原則として、一族外の者と比べて、同等の能力をもち、少なくとも同等以上に働く者でないかぎり、同族企業で働かせてはならない。できの悪い甥を働きに来させて給料を払うくらいならば、働きに来ないよう金をやったほうが安くつく。

同族企業では、一族の人間は、肩書や仕事が何であれ、事実上トップマネジメントの一員である。土曜日の夜には、トップと夕食のテーブルを囲み、「お父さん」あるいは「おじさん」と呼ぶ。そのなかの凡庸な者、さらには怠惰な者に働くことを許すならば、一族に属さない者に不満が鬱積するのは当然である。そのような者の存在は、彼らに対する侮辱となる。トップマネジメントや組織に対する敬意は急速に蝕まれる。有能な者は辞めていき、残る者はへつらい、おべっかを使うようになる。

もちろん同族企業のCEOの大半は、このことを知っている。それでも、彼らは無理をする。たとえば、一族のなかの凡庸な者あるいは怠惰な者に、研究開発部長の肩書を与える。その代わりに、有能な専門家を研究開発部次長として高給をもって迎え、こう言う。「いとこのジムの肩書は形式にすぎない。二番目の大株主である叔母を満足させるためのものでしかない。本人も含め、みな君が本当の責任者だということを知っている。君は私の直属だ。ジムのことは気にしないでくれ」

これでは、うまくいくはずがない。もちろん、凡庸なジムにポストどおりの責任を与えたら、凡庸な研究開発しか期待できない。ポストだけを与えて責任と権限を奪えば、ジムはすねる。他方、責任は負わされるがポストは与えられない次長も、満足はできない。これでは研究開発など行われない。

行われるのは、かけひきだけである。

デュポンは、この問題に真正面から取り組んだおかげで生き残り、繁栄した。一族の男性は全員、デュポンに就職する資格を与えられた。だが、働き始めて五、六年後には、一族の年長者たちによってふるいにかけられた。一〇年後にトップマネジメントに入れるだけの器でなければ、辞めさせられた。

トップマネジメントに一族以外からも採用せよ

第二の原則も、同じく簡単である。一族の者が何人いようと、また彼らがいかに有能であろうと、トップマネジメントのポストの一つには、必ず一族に属さない者をあてなければならない。通常、専門能力が意味をもつ財務部門や研究開発部門のトップが妥当である。しかし、一族に属さない者がマーケティングや人事を担当し、トップマネジメントの一員になっている同族企業を私は知っている。リーバイ・ストラウスでも、CEOは創業者の子孫だが、COO（最高業務責任者）兼社長は、一族以外の者である。

私が、そのようないわば内部のアウトサイダーとして最初に知った人は、六〇年も前のことだが、イギリスのある同族企業のCFO（最高財務責任者）だった。彼は、一族と親密な関係にあったが、パーティや結婚式には出席しなかった。ゴルフも一緒にはしなかったし、一族がプレーするゴルフコースでもプレーしなかった。「一族の行事で出席するのは葬式だけだ。しかし、毎月の最高経営者会議は私が主催している」と言っていた。

同族企業は、その一族に属しておらず、仕事と私事を混同することのない尊敬すべき人間を、トップマネジメントのなかに最低ひとりは入れる必要がある。もっとも歴史ある同族企業として知られるマフィアは、その故郷シチリアでも、アメリカでも、この原則を忠実に守っている。『ゴッドファーザー』にも出てくるように、マフィアの一家で二番目に力をもつコンシリエーレ、つまり法律顧問は、シチリア人ではない。

専門的な地位には一族以外の者も必要

第三の原則として、同族企業といえども、まったくの中小企業を除き、専門的な地位には一族以外の者を必要とする。いかに一族が優秀であっても、生産、マーケティング、財務、研究開発、人事に必要な知識や経験はあまりに膨大である。もちろん、そのような部門のトップに置いた専門家は、一族と同等に扱わなければならない。完全な市民権を与えなければならない。そうしないかぎり辞めていく。

おそらく、この原則を最初に理解した同族企業が、もっとも堅固な同族企業ロスチャイルドだった。ロスチャイルドでも、第二次大戦初期のころまで、トップマネジメントたるパートナーには、一族の者でなければなれなかった。どのように貢献していようとも、一族に属さない者は、四〇代後半に達すると、巨額の退職金、ときには一〇〇万ドルを払って辞めさせていた。そして、たとえば銀行を創設させたりしていた。

一族以外の者がロスチャイルド家の企業のパートナーになることが認められるようになったのは、第二次大戦後である。そのうちもっとも有名な人物が、ドゴールのあとフランス大統領になったジョルジュ・ポンピドゥーだった。

適切な仲裁人を外部に用意せよ

この三つの原則を忠実に守っていても問題が起こることがある。特に後継者問題をめぐって混乱しやすい。創業者である二人の兄弟が引退を考えるようになったとき、それぞれが、次のCEOに自分の息子を推す。二〇年間仲良く働いてきた二人が敵対関係に陥り、譲歩するくらいならば持ち株を売り払ったほうがましと考える。創業者の末亡人が、娘のために、並の才能しかない婿を義弟の後釜に据えようとする。あるいは、ハイテク企業の創業者が、いやがる息子に大学の研究者の経歴を捨てさせて、跡を継がせる。ところが父親が死んで半年後には、その息子が会社をコングロマリットに売ってしまう。

同族企業と関わりをもったことのある者ならば、このような例をいくつもあげられる。解決の方法は一つしかない。すなわち、後継者問題に関わる意思決定は、一族の者ではなく、しかも利害関係をもたない外部の者にゆだねることである。イギリスの保守党から出て偉大な首相となったベンジャミン・ディズレーリは、一八八〇年代、ロスチャイルド家のためにこの役割を果たした。当時、一族の第三世代が次々に亡くなり始めていた。彼は、ロンドン、パリ、ウィーンの三つの銀行すべてを統括するトップとして、もっとも若いがもっとも有能なウィーンのレオポルドを据えるよう、一族の全員を説得した。

規模はもっと小さいが、ある食品小売業者のために、創業以来二〇年間、社外監査人を務めてきた公認会計士が、この役割を果たすのを私は見たことがある。

あるいは、あるハイテク企業の研究開発顧問を一〇年間務めてきた大学教授が、その企業をもつ一族を救うのを見たことがある。彼は、前CEOの二人の息子と二人の甥、および彼ら四人の妻全員を説得し、前CEOのいとこの娘で、もっとも若くもっとも有能な女性を新しいCEOに就かせた。

しかし、後継者問題が深刻化してから外部の人間を招いても手遅れである。それまでに誰かが、いずれかの候補者に言質を与えてしまっている。そのうえ、同族企業の継承は、財務上および税務上の対策を必要とする。一夜にしてなしうることではない。

したがって第四の原則として、同族企業は継承の決定を迫られるはるか前、できれば一族の人間が後継者についてそれぞれ考えをもつようになる前に、適切な仲裁人を外部に見つけておかなければならない。

リーバイ・ストラウス、デュポン、ロスチャイルドのように、六代、七代と続く同族企業は稀である。四代続くという例さえ、きわめて少ない。

今日最大の同族企業であるイタリアのフィアットは、現在六〇代から七〇代のアニエリ家の三代目たちが経営している。これから二〇年後もなお、フィアットが同族企業であると考える者は、社内にもほとんどいない。業績のよい同族企業の四代目ともなれば資産もある。同族企業に身を捧げるよりは、自分のキャリアや興味を追求しようとする者もいる。あるいは、一族の数も増え、株式も分散している。四代目の一族にとって、もはや株式は所有権ではなく、投資にすぎない。資産のすべてを同族企業という一つの籠のなかに入れておくよりは、投資先を分散しようとする。すなわち、同族企業の身売りや株式公開を好むようになる。

しかし、二代目や三代目にとっては、同族企業を維持していくことはきわめて重要である。身売りや株式公開ができるほど成長していないことも多い。そのような場合には、同族による円滑な継承が社会の利益にもかなう。今日、経済成長の活力は、巨大企業から中堅企業へと移行しつつある。中堅企業の多くは同族企業である。したがって、社会にとって、同族企業を支援し、その継承を容易にすることは、起業家精神の観点からも重要である。

しかしこれまでは、二代続く同族企業さえ、例外的だった。ましてや、三代目にいたるも繁栄しているものは、稀である。

今日、前述の四つの原則を守り、その根底にある理念を理解している同族企業はほとんどない。その理念とは、同族企業にせよ、それを所有する一族にせよ、一族が同族企業に奉仕するときにのみ、生き残り、繁栄することができるということである。一族に奉仕すべくマネジメントしたのでは、同族企業も一族も、生き残り、繁栄することはできない。

「同族企業」という言葉で鍵となるのは、「同族」のほうではない。「企業」のほうである。

Part 5

起業家精神のマネジメント

1章　予測できないことを起こす

明日をつくるために今日何をなすべきか

われわれは未来について、二つのことしか知らない。一つは、未来は知りえない。二つは、未来は、今日存在するものとも、今日予測するものとも違うということである。

これは、新しくも驚くべきことでもない。だが重大な意味をもつ。第一に、今日の行動の基礎に、予測を据えても無駄である。望みうることは、すでに発生したことの未来における影響を見通すことだけである。

第二に、未来は今日とは違うものであって、かつ予測できないものであるがゆえに、逆に、予測できないことを起こすことは可能である。もちろん、何かを起こすにはリスクが伴う。しかし、それは合理的な行動である。何も変わらないという居心地のよい仮定に安住したり、ほぼ間違いなく起ることについての予測に従うよりも、リスクは小さい。

すでに一〇年、二〇年前から、企業は、未来を築くための体系的な仕事の必要を認めている。リスクや不確実性をなくすことはできない。人間には、そのようなことはできない。できるのは、適切なリスクを探し、ときにはつくり出し、不確実性を利用することだけである。未来を築くために、まず初めになすべきことは、明日何をなすべきかを決めることではなく、明日をつくるために今日何をなすべきかを決めることである。

今日われわれは、そのような仕事を体系的に行うための方法論を学びつつある。出発点としては、たがいに補完関係にある二つの方法がある。第一に、経済や社会の断絶の発生と、そのもたらす影響との間の時間的な差を発見し、利用することである。すなわち、すでに起こった未来を予期することである。第二に、ビジョンを実現すること、すなわち自ら未来を発生させることである。

「すでに起こった未来」を探せ

社会的、経済的、文化的なできごとと、そのもたらす影響との間には、タイムラグがある。出生率の急増や急減は、一五年後、二〇年後には、労働人口の大きさに影響をもたらす。変化はすでに起こっている。戦争や、飢饉や、疫病の大流行でもないかぎり、その結果は必ず出てくる。すでに起こった未来は必ず機会をもたらす。それらのものは、潜在的な機会である。このすでに起こった未来は、企業の内部ではなく外部にある。すなわち、社会、知識、文化、産業、経済構造における変化である。しかも、それは一つの傾向における小さな変化ではなく、変化そのものである。一つのパターンのなかにおける変化ではなく、パターンそのものの断絶である。

もちろん、すでに発生した変化がもたらす影響を予期して、資源を投じることには、不確実性とリスクが伴う。だが、そのリスクは限られている。影響がいつ現われるかを正確に知ることはできないかもしれないが、影響が現われることについては確信をもてる。その影響を、役に立つ程度に描くこともできる。

基本的な知識の登場が役に立つようになるには、一〇年ないし一五年かかる。一九世紀の半ば、マイケル・ファラデーの電気に関する発見が経済にもたらす影響については、さまざまな予測が行われた。その多くが外れた。しかし、エネルギー分野におけるこのブレークスルーが、大きな影響をもたらすことだけは明らかだった。

文化的な変化も、時間をかけて影響をもたらす。このことは、もっとも微妙かつもっとも伝播力の強い文化的な変化、すなわち意識の変化についていえる。

途上国が、急速な経済発展に成功するかどうかはわからない。経済発展に成功するのは、ごく少数の国にとどまることも大いにありうる。しかも、それら少数の国さえ、困難な時期を迎え、危機にさらされる。

しかし、中南米、アジア、アフリカの人たちが、経済発展の可能性に目覚め、経済発展とその果実を手にすべく決意していることは、変わりようのない事実である。そしてこの事実が、よほどの災厄がないかぎり、変わることのない経済発展への原動力を生み出す。工業化に成功することはないかもしれない。だが、それらの国は、今後とも経済発展を優先させていく。直面するであろう困難も、かえって工業化の可能性と、その必要への意識を強化するだけとなる。

同じように、かなり大胆でなければ、アメリカ社会において、いつ黒人が完全に平等な地位を得るかを予測することはできない。しかし、一九六二年と六三年に起こったことの結果として、黒人のみならず白人の側にも、人種問題についての新しい意識が生まれている。少なくとも若者に関するかぎり、服従する黒人が過去のものとなったことは、すでに起こった事実である。逆転することのできない事実である。その影響は必ず現われる。単に、いつかが問題であるにすぎない。

どこに「未来」を探すか

すでに起こった未来は、体系的に見つけることができる。第一に調べるべき領域は、人口構造である。人口の変化は、労働力、市場、社会的圧力、経済的機会の変化にとってもっとも基本的である。人口の変化は、もっとも逆転しにくい。しかもその変化は、早くその影響を現わす。出生率の上昇が、小学校の施設に対する圧力となって表われるのは、五、六年後である。そして、本当にそれは起こる。その影響も予測しやすい。

すでに起こった未来を探すべき第二の領域は、知識の領域である。しかし知識を、自らの企業に関わる知識に限定してはならない。なぜならば、未来においては、自らの企業そのものが、いまとは違うものになっていることを当然としなければならないからである。そして企業は、その卓越性の基盤とすべき知識の領域においてこそ、いまとは違うものにならなければならないからである。したがって、現在の企業に直接の関係のあるなしにかかわらず、あらゆる知識の領域において、すでに起こった未来を探さなければならない。

大きな影響がまだ現われていない基本的な知識の変化がすでに起こっていることを見つけたならば、当然、「期待すべき機会は存在するか」を検討しなければならない。

知識の領域における大きな変化であるにもかかわらず、ほとんどの企業が、まだ直接関係があるとは考えていないものの例として、行動科学の進歩がある。特に心理学の学習理論は、この三〇年間に大きな発展を見せている。今日の企業活動には、関係がないように見えるかもしれないが、そこで得られた知識は、教育の形態だけでなく、教育と学習の機材、学校の設計と設備、さらには、企業における研究活動の組織とマネジメントに大きな影響をもたらす。

すでに起こった未来を探すための第三の領域は、他の産業、他の国、他の市場である。これらのものに目を配り、「われわれの産業、国、市場を変える可能性のあることは起こっていないか」を考えなければならない。

一九五〇年代の初頭、日本の電機メーカーは、日本の所得水準はまだテレビが普及するほどではないし、特に農家には買う余裕はないと考えた。そこで、彼らは当初テレビの生産を抑えた。ところが、当時まだ中堅企業だったあるメーカーが、そのような考えが正しいかどうかを、アメリカ、イギリス、ドイツなど他の国の状況を調べて検証した。その結果、それらの国でも、テレビは低所得層が簡単に手に入れられるものではなかったが、値段が問題にならないほど大きな満足を与えていることが明らかになった。

いずれの国でも、貧しい人たちはテレビの顧客になっていた。所得からすれば高すぎるはずのテレビを買っていた。そこでこのメーカーは、高価な大型テレビを売り出した。しかも、農家に対し集中的に販売促進を行った。

一〇年後、日本では、都市部低所得層の三分の二、農家の半数以上がテレビを所有するようになった。高価な大型テレビがよく売れた。そのメーカーは、今日では大メーカーに成長している。

第四の領域は、産業構造である。「産業構造において、大きな変化が起こっていないか」を検討しなければならない。たとえば今日、あらゆる産業界で起こっている変化の一つが材料革命である。かつては完全に別のものだった材料の流れの境界が、消滅するか、曖昧になっている。

わずか一世代前には、あらゆる材料の流れが、その始点から終点にいたるまで別々になっていた。木が原料となるのは紙だった。逆に、紙は木だけからつくられていた。同じことが、アルミ、石油、鉄鋼、亜鉛など、他の材料にもいえた。それらの材料からつくられる製品は、特定の最終用途をもっていた。言いかえると、たいていの場合、材料によって最終用途は決まっていた。物質が用途を規定し、用途が物質を規定していた。

生産工程さえ、もはや独自性を失った。製紙業は、プラスチックの生産や加工の技術を取り入れている。繊維産業も、製紙のプロセスを参考にしている。

こうして、あらゆる素材産業が事業の変化を予感している。すでに多くの企業が、この変化の対策を講じている。たとえば、アメリカのある大手缶メーカーは、ガラス、紙、プラスチックの容器メーカーを買収している。

第五の領域として、企業の内部にも、すでに起こった未来を見つけることができる。そこにも、基本的かつ不可避的な変化であって、影響がまだ現われていない事象を発見するための鍵がある。

その一つが、企業内の摩擦である。何かを導入したとき、もめごとが起こる。新しい活動が組織内に変化を引き起こし、すでに受け入れられているものと対立する。すなわち、知らずして急所に触ってしまう。

アメリカの企業では、製品企画なる部局を、新しい職能、すなわち新しい仕事として設置しようとすると、必ず摩擦が起こる。どの部門に置くかが問題となる。マーケティングに置くべきか、研究開発やエンジニアリングに置くべきか。

しかし実際には、この対立は、この新しい職能をめぐるものではない。それは、もしマーケティングに置くならば、他のすべての職能が二義的な存在になってしまい、しかも成果を生む職能としてではなく、コストセンターとして位置づけられてしまうであろうことが、おぼろげながらも浮き彫りにされてくるからである。そしてそこから、大がかりな組織改革にまで話が進むに違いないからである。単なる製品企画という一部局の問題に対し、激しい反応が現われるのは、この組織改革に対する懸念が原因である。

ＡＴ＆Ｔが一〇年ほど前、商品化部門を新設した。実際に影響を受ける者はいなかった。だが、それはマネジメントに大きな動揺をもたらした。すなわち、その意味することは、七五年間ＡＴ＆Ｔが目的としてきたものが達成されたことを認めるということだった。アメリカの全世帯および全企業に電話を引くという目的は達成されていた。電話架設というＡＴ＆Ｔの市場は、ついに飽和に達した。

したがって、これからの成長は、新規加入の勧誘ではなく、電話利用の増大によって図らなければならなくなっていた。このすでに起こった変化は、電話事業にとって、機会とリスクが大きく変わることを意味した。商品化部門の新設をめぐる動揺は、その最初の兆候にすぎなかった。

競争相手が、達成された目的をさらに達成すべく相も変わらず同じ努力をしているとき、目的が達成されたことを認識し努力の方向を転換した企業が、明日のリーダーシップを握る。

新しい現実が見える

ここで、重大な問いが出てくる。「予測されているものは、今後一〇年、一五年、二〇年後に起こるものなのか」であり、「本当は、すでに起こっているものなのではないか」である。実は、ほとんどの人は、すでに見てしまったものしか想像できない。一般に受け入れられている予測というものは、実は、未来についての予測ではなく、最近起こったことについての報告であることが多い。

このことを教える有名な例がアメリカにある。一九一〇年前後、ヘンリー・フォードの事業が成功し始めたころ、やがて自動車は国民の輸送手段になるであろうとの予測が現われた。しかし、それには少なくとも三〇年はかかるだろうとされていた。

そのとき、ウィリアム・C・デュラントが、「それはすでに起こっているのではないか」という問いを発した。そして、この問いを発するや、答えは明らかだった。まだはっきりと現われてはいなかったが、すでにそれは起こっていた。すでに国民は、自動車を金持ちのおもちゃとしてではなく、輸送手段として見ていた。したがって、もはや自動車メーカーは、大量生産の大企業でなければならなくなっていた。デュラントは、この洞察から、GMを構想し、新しい市場と機会を利用すべく、中小の自動車メーカーや部品メーカーを吸収合併していった。

したがって、最後に発すべき問いは、「われわれ自身は、社会と経済、市場と顧客、知識と技術をどう見ているか。それは、いまも有効か」である。

イギリスの中流以下の家庭の主婦は、食品の購入や食事について、徹底して保守的であることで通っていた。しかし食品流通業のある二社は、すでに一九四〇年代後半に、「それは、いまも有効か」との問いを発し、その答えがノーであることを知った。第二次大戦による食糧難の結果、保守的だったイギリスの主婦も、新しい食品や流通に慣れ、新しいものを進んで試すようになっていた。

すでに起こった未来を見つけ、その影響を見ることによって、新しい知覚がもたらされる。新しい現実が見える。まず必要なことは、見えるようにすることである。できることや、しなければならないことを見つけるのは、むずかしくない。言いかえるならば、機会とは、遠くにあるものでも、曖昧模糊たるものでもない。しかし、まず初めに新しい事態を認識しなければならない。

いくつかの例から明らかなように、すでに起こった未来を見つけるという方法は、きわめて有効である。

もちろん、そこには大きなリスクがある。それは、起こりつつあると信じていること、もっと悪いのは、起こるべきであると信じていることを変化として見てしまうことである。このリスクはきわめて大きい。したがって、内部の者が一致して歓迎するものの見方については、つねに疑ってかからなければならない。もしみんなが「これこそ、待っていたものである」と言うならば、事実の報告ではなく、願望の表明にすぎないおそれがある。

この方法が有効なのは、深く染みついた考え方や、仕事の仕方や習慣に疑問を投げかけ、ひっくり返すからである。企業の構造とまではいかないにしろ、企業活動のすべてについて、変革のための意思決定を余儀なくさせるからである。すなわち、今日とは違う企業をつくるための意思決定をもたらすからである。

「ビジョン」を実現する

将来いかなる製品やプロセスが必要になるかを予測しても意味はない。しかし、製品やプロセスについていかなるビジョンを実現するかを決意し、そのようなビジョンの上に、今日とは違う事業を築くことは可能である。未来において何かを起こすということは、新しい事業をつくり出すことである。すなわち、新しい経済、新しい技術、新しい社会についてのビジョンを事業として実現するということである。大きなビジョンである必要はない。しかし、今日の常識とは違うものでなければならない。ビジョンは、起業家的なものでなければならない。事業上の行動を通じて実現すべきものでなければならない。それは、富を生む機会や能力についてのビジョンである。したがって、「未来の社会はどのようなものになるべきか」という社会改革家や、革命家や、哲学者の問いからは答えは出てこない。起業家的なビジョンの基礎となるものは、「経済、市場、知識におけるいかなる変化が、わが社の望む事業を可能とし、最大の経済的成果を可能にするか」との問いである。

このアプローチは、歴史家の目には、きわめて利己的なものに見える。そのため、彼らはこのアプローチの重大さを見過ごし、それがもたらす影響に気づかない。もちろん、偉大な哲学的ビジョンが深遠な影響を与えることはある。しかし、現実にはそれほどはないといってよい。これに対し、事業上のビジョンは、より限定された世界のものではあっても、その多くが世の中に実質的な影響を与える。したがって、イノベーションを行う企業人は、全体として見るならば、歴史家たちが認識しているよりも、はるかに大きな影響を人類の歴史に与えている。

起業家的なビジョンは、社会や知識のすべての領域にわたるものではなく、一つの狭い領域についてのものであるという事実にこそ、活力の源泉がある。こうしたビジョンをもつ者が、経済や社会に関わる他のことについては、間違った考え方をしていることは大いにありうる。しかし、自らの事業の焦点において正しければ、問題ではない。成功に必要なものは、ある小さな特定の発展だけである。

ＩＢＭを築いたトーマス・ワトソンは、技術の進歩については、まったく理解していなかった。しかし彼は、事業を築く基礎として、データ処理なるビジョンをもっていた。彼の事業は、長い間、タイムレコーダーという日常的な製品に限られていた。しかし、自分とはまったく関係のなかった戦時中の研究から、データ処理を可能とする技術、すなわちコンピュータの技術が生まれたとき、彼の事業はすでに飛躍の準備ができていた。

一九二〇年代、ワトソンがパンチカード機器の設計、販売、設置という変哲のない小さな事業を経営していたころ、アメリカのブリッジマンやオーストリアのカルナップなどの数学者や論理学者が、次々に研究を発表していた。彼らが、アメリカの中小企業ＩＢＭのことを知っているはずはなかった。自分の研究をＩＢＭに結びつけて考えることなど、さらにありえなかった。しかし、第二次大戦中に新しい技術が現われたとき、それを実用化したのはワトソンのＩＢＭであって、彼らの哲学ではなかった。

リチャード・シアーズ、ジュリアス・ローゼンウォルド、アルバート・ローブ、ロバート・Ｅ・ウッド将軍など、シアーズ・ローバック社を築いた人たちは、社会に対して関心と想像力をもっていた。しかし、アメリカの経済を変えようなどと考えた者は、ひとりとしていなかった。伝統的な階層別市場に対立するものとして大衆市場の概念をもつにいたったのでさえ、かなりあとのことだった。

だがシアーズ・ローバック社は、設立の当初から、貧しい者の金も、金持ちの金と同じように、購買力に転ずることができるはずであるとしてきた。もちろん、そのような考えは新しいものではなかった。社会改革者や経済学者が、すでに何十年も前から唱えていたものだった。現実にヨーロッパでは、この考えから、協同組合運動が生まれていた。しかしアメリカでは、この考えに基づく最初の事業が、シアーズ・ローバック社だった。

同社は、「いかにして田舎の農民を小売業の顧客にすることができるか」という問いからスタートした。答えは「都市と同じように、信頼できる製品を低価格で手に入れられるという保証を与えればよい」という簡単なことだった。当時においては、そのような考えはあまりに大胆であって、革命的でさえあった。

偉大な起業家的イノベーションは、理論上の仮説を現実の事業に転換することによって、これまで実現されてきた。

世の中に最大の影響をもたらした起業家的イノベーションは、フランスの社会哲学者サン＝シモンのビジョンを投資銀行として具体化したことである。彼は、セイの起業家の概念から出発して、資本の創造的役割を中心とするシステムを構想した。その構想は、彼の弟子であるペレール兄弟が一九世紀半ばにパリに創立したクレディ・モビリエにおいて、現実のものとなった。

クレディ・モビリエは、資本に方向づけを行うことによって、産業を発展させることを目的とした。当時まだ産業の発展を見ていなかったヨーロッパ大陸、特にフランス、オランダ、ベルギーの銀行の原型となった。やがて、ドイツ、イタリア、スイス、オーストリア、スカンジナヴィア諸国において、それぞれの国の産業の担い手となる銀行が設立された。南北戦争後のアメリカにも、大西洋を渡ってやって来た。産業発展に寄与したジェイ・クック、大陸横断鉄道の資金を賄ったアメリカン・クレディット・モビリア、J・P・モルガンは、すべてペレール兄弟の追随者だった。近代日本の経済を築いた日本の財閥も、同じだった。

起業家的ビジョンが、他の国や他の産業でうまくいっているものを真似するだけのこともある。

スロバキア出身のトーマス・バタは、第一次大戦後アメリカからヨーロッパに戻ったとき、スロバキアやバルカン諸国でも、アメリカと同じように、普通の人が靴を履けるようになるはずだと考えた。バタは、「農民が裸足なのは、貧しいからではなく、単に靴がないからだ」と言ったといわれている。

靴を履いた農民というビジョンを実現するために必要なものは、アメリカと同じように、規格化された安い靴、デザインがよく長もちする靴を供給することだけだった。わずか数年にして、彼はヨーロッパの製靴業を築き、ヨーロッパ一の業績を誇る企業をつくりあげた。

天才の創造性はいらない

未来において何かを起こすには、特に創造性は必要ない。必要なものは、天才の業ではなく仕事である。ある程度は誰にでもできることである。想像力に富むビジョンのほうが、成功の確率が高いわけではない。平凡なビジョンが、しばしば成功する。アメリカを手本に靴づくりを行うというバタの構想は、フォードとその流れ作業に強い関心を寄せていた一九二〇年当時のヨーロッパでは、何ら目新しいものではなかった。意味があったのは、才能ではなく、勇気だった。

未来において何かを起こすには、進んで新しいことを行わなければならない。「今日とはまったく違う何が起こることを望むか」を進んで問わなければならない。「これこそ、事業の未来として起こるべきことだ。それを起こすために働こう」と言わなければならない。

今日のイノベーションの議論において、意味なく強調されている創造性なるものは、問題の鍵ではない。すでにアイデアは、企業だけでなく、あらゆる組織体に、利用しうる以上に存在している。欠落しているのは、製品を超えて構想することである。製品やプロセスは、ビジョンを実現するための道具にすぎない。しかも具体的な製品やプロセスは、想像されることさえないのが普通である。

デュポンが、やがてナイロンを生むことになる高分子化学の研究を始めたとき、最終製品が人造の繊維になるとは考えていなかった。研究は、有機物の分子構造の操作が何らかの成果をもたらすであろうとの考えのもとに進められた。研究の成果は、六、七年後、人造の繊維として実った。

ＩＢＭの経験が示すように、ビジョンを成功に導く製品やプロセスは、現在の事業と関係のない研究から出てくることが多い。しかも、大きなビジョンをもち、そこからもたらされる事業や貢献、さらに事業がもたらす顧客満足や、市場や、経済について具体的に考えることは、至難である。そのようなビジョンに資源をゆだねるには、勇気を必要とする。だが、未来において何かを起こすために投入する資源は少しでよい。ただし、それは最高のものでなければならない。そうでなければ、何も起こらない。

今日欠けているものは、ビジョンの有効性と実用性を測る基準である。ビジョンが事業の未来を築くには、厳格な条件を満たさなければならない。ビジョンは、実用的な有効性をもたなければならない。「そのビジョンに基づいて行動を起こすことはできるか。それとも、話ができるだけか」を考えなければならない。そして、行動しなければならない。

研究に金を使うだけでは十分ではない。研究は、ビジョンを実現するためのものでなければならない。デュポンの研究プロジェクトのように、得ようとする知識は一般的であってよい。しかし、研究の成果が実用的な知識であるべきことは、明らかにしておかなければならない。ビジョンはまた、経済的にも有効でなければならない。実行に移したとき、経済的な成果を生むことができなければならない。

もちろん、実現したいことを実現するためには、長い時間がかかることもある。あるいは、永久に実現できないこともある。しかし、実現した暁には、成果としての製品やプロセスやサービスには、顧客や市場や最終用途が存在しなければならない。利益をあげて売ることができ、欲求やニーズを満たすことができなければならない。

ビジョンそのものが、社会的な改革を目的としている場合もありうる。しかし、その構想の上に事業を築くことができなければ、起業家的なビジョンではない。ビジョンの有効性の基準は、選挙での得票数や、哲学者からの喝采ではない。経済的な成果であり、業績である。たとえその事業の目的が、事業としての成功ではなく、社会の改革にあったとしても、ビジョンの有効性の基準は、事業としての成果であり、事業としての繁栄である。

そして最後に、全人格的な献身が必要とされる。「そのビジョンを心から信じているか。本当に実現したいか」「本当にその仕事をしたいか。本当にその事業を経営したいか」である。

未来に何かを起こすには、勇気を必要とする。努力を必要とする。信念を必要とする。その場しのぎの仕事に身を任せていたのでは、未来はつくれない。目の前の仕事では足りない。いかなるビジョンも、万事が順調というわけにはいかない。むしろ、そうであってはならない。未来に関わる構想のうち、必ず失敗するものは、確実なもの、リスクのないもの、失敗しようのないものである。

明日を築く土台となるビジョンは、不確実たらざるをえない。それが実現したとき、どのような姿になるかは、誰にもわからない。リスクを伴う。成功するかもしれないが、失敗するかもしれない。もし不確実でもなく、リスクを伴うものでないならば、そもそも、未来のためのビジョンとして現実的ではない。なぜならば、未来それ自体が不確実であって、リスクを伴うものだからである。したがって、ビジョンに対する全人的な献身と信念がないかぎり、必要な努力も持続するはずがない。

もちろん、企業に働く者は、狂信的であることはもちろん、熱狂的であってもならない。起こることは望めば起こるというものではなく、たとえ起こるように最大の努力を傾けたからといって、必ずしも起こるものではないことを認識しておかなければならない。したがって、未来において何かを起こすための仕事も、他のあらゆる仕事と同じように、今日までの成果と明日の見通しを考慮し、続けるべきか否かを決めるべく定期的に検討していかなければならない。

しかし同時に、未来において何かを起こすために働く者は、「これが本当に望んでいる事業だ」と胸を張って言うことができなければならない。

あらゆる企業が、未来において何かを起こすためのビジョンを絶対に必要とするわけではない。現在の事業を効率的なものにすることさえできない企業やマネジメントは多い。そのような企業でも、しばらくは存続しうる。特に大企業は、歴代のマネジメントの勇気や努力やビジョンのおかげで、長い間苦労しなくともすむ。

未来において何かを起こす責任

しかし、明日は必ず来る。そして、明日は今日とは違う。そのとき、今日最強の企業といえども、未来に対する働きかけを行っていなければ、苦境に陥る。個性を失い、リーダーシップを失う。残るものといえば、大企業に特有の膨大な間接費だけである。起こっていることを理解できなければ、未来に対する働きかけはできない。その結果、新しいことを起こすというリスクを避けたために、起こったことに驚かされるというはるかに大きなリスクを負うことになる。リスクとは、最大の企業でさえ処理できないものであると同時に、最小の企業でさえ処理できるものである。

マネジメントたる者は、自らの手にゆだねられた人的資源に仕える怠惰な執事にとどまらないためにも、未来において何かを起こす責任を受け入れなければならない。進んでこの責任を引き受けること、すなわち企業における最大の経済的課題に関わる責任に意識的に取り組むことこそ、単なる優れた企業から偉大な企業を区別し、サラリーマンから事業家を峻別するものである。

2章　既存の企業がイノベーションに成功する条件

「大企業はイノベーションを生まない」は本当か

むかしから「大企業はイノベーションを生まない」という。なるほどもっともらしく聞こえる。たしかに大きなイノベーションは大企業からは生まれていない。

鉄道会社は、自動車やトラックを生まなかった。試みもしなかった。自動車メーカーは航空機産業に参入しようとしたが、今日の大手航空機メーカーは、自動車メーカーとは無関係なベンチャービジネスから発展した。

同じように、今日の大手医薬品メーカーの大部分は、五〇年前に近代医薬が開発されたころは、まったくの小企業か、あるいは存在さえしていなかった。

アメリカのGE、ウェスチングハウス、RCA、ヨーロッパ大陸のジーメンス、フィリップス、日本の東芝など電機メーカーの巨人はみな、一九五〇年代にコンピュータに殺到した。いずれも成功しなかった。今日この分野を支配しているのは、当時ハイテクとは無縁だった中小企業IBMである。

しかし、大企業はイノベーションを行えず行わないとの通念は、半分も事実ではない。まったくの誤解である。まず、例外が多すぎる。起業家として、イノベーションの担い手として成功した大企業は多い。

アメリカでは、衛生用品や医療機器のジョンソン・エンド・ジョンソン、工業用、民生用の技術製品のスリーエム（３Ｍ）がある。世界最大の金融機関シティバンクは、創立一〇〇年を超えてなお金融分野でイノベーションを行っている。ドイツでは、世界最大の化学品メーカーの一つ、一二五年の歴史をもつヘキストが、医薬品産業でイノベーションに成功している。

規模の大きさそのものは、イノベーションと起業家精神の障害にはならない。よく問題にされる大組織の官僚的体質や保守的体質は、イノベーションと起業家精神を妨げる深刻な障害となる。だが、それは中小の組織でも同じである。企業であれ、ＮＰＯであれ、もっとも起業家精神に乏しくもっともイノベーションの体質に欠けているのは、むしろ小さな組織である。起業家的な企業には、大企業が多い。世界には、そのような大企業が優に一〇〇社を超える。イノベーションを行っているＮＰＯのリストにも、大組織がたくさんある。

イノベーションと起業家精神にとって、最大の障害は規模の大きさではない。それは、既存の事業であり、特に成功している事業である。既存の工場、技術、製品ライン、流通システムは、たゆまぬ努力と注意をマネジメントに要求する。日常の危機は頻繁に起こる。先に延ばすことはできない。ただちに解決しなければならない。既存の事業は、つねに優先する。優先して当然である。これに対し、新しい事業は、既存の事業の規模や成果に及ばない。つねに小さく、取るに足りず、将来性さえわからない。

大企業はイノベーションを生まないとの通念が生まれた原因は、その前提にある。イノベーションと起業家精神が、自然の衝動、自然の創造、自然の行動であるとしているところにある。そして、イノベーションと起業家精神が大組織で生まれないのは、組織がそれを抑えているためであるとする。しかも、起業家としてイノベーションを行っている既存の企業が少ないことを、決定的な証拠とする。

だが、起業家精神は自然発生的なものではない。自然の創造でもない。それは仕事である。実例から得られる正しい結論は、通念とは逆である。かなりの数の中堅企業、大企業、巨大企業が、起業家としてイノベーションに成功しているという事実は、イノベーションと起業家精神が、いかなる企業においても実現できることを示している。

ただし、そのためには意識的な努力が必要である。学ぶことが必要である。起業家的な企業は、起業家精神の発揮を自らの責務とする。それを鍛える。そのために働く。それを実践する。

起業家精神が生まれる構造

イノベーションを行うのは人である。人は組織のなかで働く。したがって、イノベーションを行うためには、そこに働く人間の一人ひとりがいつでも起業家になれる構造が必要である。起業家精神を中心に、諸々の関係を構築することが必要である。さらには、報酬、報奨、人事を優れた起業家精神に報いるためのものにし、起業家精神を阻害するものにしてはならない。

起業家的な事業、新しい事業は、まず既存の事業から分離して組織しなければならない。起業家的な事業を既存の組織に行わせるならば、失敗は目に見えている。一つの理由は、既存の事業は、それに責任をもつ人たちから時間とエネルギーを奪うからである。既存の事業には、何がしかの価値がある。既存の事業と比べるならば、新しい事業は、確信のないつまらないものに見える。そのうえ、悪戦苦闘するイノベーションを養うものは、既存の事業である。

しかも今日の危機に対しては、今日、対処しなければならない。したがって、既存の事業に責任をもつ人たちは、新しい起業家的な事業、イノベーションに関わる活動を、手遅れになるほど先延ばししてしまう。われわれは、すでに三、四〇年も前から、既存の事業を担当する人たちが、それら既存の事業の拡大、修正、調整しかできないことを知っている。新しい事業の担当者は、別の人たちにしなければならない。

新しい事業の核となる人は、かなり高い地位にあることが必要である。それらの事業の規模、売上げ、市場は、既存の事業とは比べものにならないほど小さいかもしれない。しかし、トップマネジメントのひとりが、明日のために、その特別な仕事に責任を負わなければならない。専任である必要はない。特に中小の企業では、それほどの仕事量にはならない。しかし、それは明確に定められた仕事であって、権限と権威をもつ者が全面的に責任をもつものでなければならない。

新しい事業をおろそかにしない方法

新しい事業はいわば赤ん坊であって、赤ん坊のままでいる期間はかなり長い。赤ん坊を置くべきところは育児室である。しかし、成人、すなわち既存の事業や製品を担当する者には、赤ん坊に割ける時間はない。理解もできない。そもそも、関わっている余裕がない。

この原則を無視したために、ロボット産業でトップの地位を失った大手の工作機械メーカーがある。そのメーカーは、産業用ロボットの基本特許をもつだけでなく、優れたエンジニアリングと生産の能力をもっていた。産業用ロボットを使う工場のオートメ化が始まった一九七五年ころには、やがて業界トップになるものと誰もが予想していたにもかかわらず、一〇年後には完全に脱落していた。

そのメーカーは、産業用ロボットを担当する部門をトップマネジメントから三つないし四つ下のレベルに置き、在来型の工作機械の設計、生産、販売を担当する部門に報告する義務を負わせた。それらの人たちは協力的だったし、事実、このメーカーの産業用ロボットは彼らが生み出したものだった。

しかし現実には、彼らは、既存の製品ラインを競争相手の日本企業から守ることに忙しかった。新しい仕様のための設計、顧客への提案、マーケティング、資金手当て、アフターサービスに忙殺されていた。赤ん坊を担当する者が決裁を仰いでも、「忙しいから、来週来てくれ」と言った。産業用ロボットは期待にすぎなかったが、既存の工作機械は毎年数百万ドルをもたらしていた。残念ながら、これはよく起こる間違いである。

新しい事業をおろそかにして息の根をとめることを防ぐ最善の、唯一といってよい方法は、それらのものを初めから独立した事業としてスタートさせることである。

そのような方法をとっていることで有名なメーカーが、アメリカに三社ある。洗剤や食品の大手メーカー、プロクター&ギャンブル（P&G）、医療および健康関連用品の大手メーカー、ジョンソン・エンド・ジョンソン、それに各種工業製品、消費者製品の大手メーカー、3Mである。これら三社は、細かい点では違っているが、基本的には同じ組織構造をしている。

いずれも、新しい事業を初めから独立した事業としてスタートさせている。目標を達成して一本立ちした事業になるか、あるいは中止になるまで、専任のプロジェクトマネジャーを置く。しかもこのプロジェクトマネジャーは、調査、生産、財務、マーケティングなどの専門家を、必要なときに必要な人数だけ動員できるようになっている。

新しい事業やイノベーションに関わる仕事を独立させて行う理由は、もう一つある。それは、負担を軽くするためである。新市場に参入したばかりの新製品に、既存の事業に課しているのと同じ負担を負わせることは、六歳の子供に重さ三〇キロのリュックを背負わせるようなものである。遠くまでいけるはずがない。

既存の事業については、会計、人事、報告のシステムが確立している。しかし、新しい事業については、それらとは違うシステム、ルール、評価基準が必要となる。

私はこのことを何年も前に、ある大手化学品メーカーの例から知った。このメーカーの主力事業部の一つでは、業界で生き残っていくためには、新材料を開発しなければならないことがわかっていた。開発の計画は手元にあり、基礎的な研究もすんでいた。しかし、それ以上は何もしなかった。毎年、何か言いわけを見つけていた。

ところが、ある年、ついに事業部長が全社レベルの経営会議で次のように発言した。「私をはじめ事業部の者は、投資利益率に基づいて報酬が決められている。ところが、あの新材料の開発に資金を投入すると、事業部の利益率は少なくとも四年間は半減する。そもそも会社が、そのような低い利益率を我慢してくれるか、はなはだ疑問である。たとえ開発に成功して利益をあげ始める四年後まで誰もクビにならなかったとしても、事業部のマネジメント全員の報酬が大幅に下がる。私としてはそのようなことはできない」

こうしてようやく、新材料の開発費が、報酬の基礎となっていた投資利益率の計算から外された。その結果、一年後には無事、新材料が開発された。二年後には、今日まで続く業界トップの地位がもたらされた。事業部の利益も、四年後には倍増した。

起業家マネジメントにおけるタブー

起業家マネジメントを行うためには、してはならないことがいくつかある。

第一に、もっとも重大なタブーは、既存の事業部門と起業家的な部門を一緒にすることである。特に、起業家的な部門を既存の事業部門の下に置くことである。既存の事業の運営、利用、最適化を担当している人たちの下に、イノベーションの仕事を置いてはならない。それまでの考え方や方法を変えることなく、起業家的たろうとしても無理がある。失敗は必至である。片手間に起業家的たろうとしても、うまくいかない。

第二に、すでに大企業の多くが起業家たちと合弁事業を組んでいるが、成功した例はあまりない。起業家たちは、官僚的、形式的、保守的な大企業の考え方、方法、文化に息を詰まらせる。大企業の人間も、起業家たちのすることが理解できない。規律に欠けた粗野な夢想家に見える。

大企業が起業家として成功しているのは、多くの場合、自らの人材によって新しい事業を手がけたときである。たがいに理解し合える人たち、信頼し合える人たち、ものごとの進め方を知っている人たち、一緒に仕事をしていける人たちを使ったときだけである。もちろん、会社全体に起業家精神が浸透していること、すなわち、会社全体がイノベーションを望み、イノベーションに手を伸ばし、イノベーションを必然の機会と見ていることが前提である。会社全体が、新しいものに貪欲になっていることが必要である。

第三に、いかなる企業であろうと、得意な分野以外でイノベーションを行おうとしても成功することはめったにない。イノベーションは、多角化であってはならない。いかなる利点があろうとも、多角化をイノベーションや起業家精神と一緒にしてはならない。新しいものは、理解していない分野で試みるにはむずかしすぎる。イノベーションが行えるのは、市場や技術について卓越した能力をもつ分野においてのみである。新しいものは、必ず問題に直面する。そのとき、事業に通暁していなければならない。多角化は、市場や技術について既存の事業との共通点がないかぎり、うまくいかない。多角化に伴う問題に、起業家精神に伴う問題が加わると、事態は最悪である。イノベーションは、自らが理解しているところでしか行えない。

第四に、買収、すなわちベンチャービジネスを取得することによって、起業家的になろうとしてはならない。買収しても、買収先の企業に早くマネジメントを送り込まなければならなくなる。買収された側のマネジメントが、長くとどまってくれることはほとんどない。オーナーならば、すでに金持ちになっている。雇われたプロのマネジメントならば、さらに地位が上がりそうな場合にしかとどまってくれない。いずれにせよ、買収した側は、一、二年のうちに買収先にマネジメントを送り込まなければならなくなる。このことは、特に起業家的でない企業が起業家的な企業を買収したときにいえる。買収先のベンチャービジネスのマネジメントたちは、親会社の人間とは一緒にやっていけないことを知る。逆も起こる。私自身、丸ごと買収がうまくいった例を知らない。

この急激な変化の時代にあって、イノベーションを行い、成功し、繁栄したいのであれば、起業家マネジメントを、自らの組織のなかに構築しなければならない。組織全体にイノベーションの意欲を醸成し、イノベーションと起業家精神のためのマネジメントを確立しなければならない。大企業であれ中小企業であれ、起業家として成功するには、起業家的な企業としてマネジメントしなければならない。

3章　ベンチャーのマネジメント

成功のための四つの原則

企業であれ社会的機関であれ、既存の組織について「起業家マネジメント」というとき、ポイントは前半の「起業家」にある。ベンチャーについては、後半の「マネジメント」にある。既存の組織にとって、起業家精神の障害となるものは既存の事業の存在だが、ベンチャーにとって、起業家精神の障害となるものは既存の事業の欠落である。

ベンチャーにはアイデアがある。製品やサービスもある。売上げさえあるかもしれない。ときには、かなりの売上げがあるかもしれない。コストはたしかにある。そして収入があり、利益さえあるかもしれない。だが、ベンチャーには確立された事業と呼べるものがない。永続的な活動としての事業がない。何を行い、何を成果とし、何を成果とすべきかが明確な事業がない。

ベンチャーは、いかにアイデアが素晴らしくとも、いかに資金を集めようとも、いかに製品が優れていようとも、さらにはいかに需要が多くとも、事業としてマネジメントしなければ生き残れない。

一九世紀における最大の発明家トーマス・エジソンは、このことを理解できなかったために、手がけた事業のすべてに失敗した。エジソンの夢は、実業家として成功し、大企業の社長になることだった。最高の企画力をもっていた彼が、事業に成功して何の不思議もなかった。自分の発明した電球を使えるようにするためには、いかなる電力会社をつくるべきかを知っていた。いかに資金を集めたらよいかも知っていた。しかし、彼は起業家のまま終わった。

マネジメントとはボスであることだと考えていた彼は、マネジメントのためのチームをつくらなかった。そのため、彼のベンチャーは、中企業に成長した段階でことごとく倒産寸前に追い込まれた。いずれも、彼が引っ込み、専門のマネジメントが代わるしか救う方法がなかった。

ベンチャーが成功するには、四つの原則がある。第一に、市場に焦点を合わせること、第二に、財務上の見通し、特にキャッシュフローと資金について計画をもつこと、第三に、トップマネジメントのチームを、それが実際に必要となるはるか前から用意しておくこと。第四に、創業者たる起業家自身が、自らの役割、責任、位置づけについて決断することである。

つねに市場中心で考える

通常、ベンチャーが期待にそえず、それどころか生き残れなくなったときのセリフは、「あの連中に市場をとられるまではうまくいっていた。彼らが市場に出したものは、うちのものと大して違わなかった」である。あるいは、「われわれは、うまくいっていた。ところが、あの連中がとんでもない客に売り始め、そのうち、こちらの市場までもっていってしまった」である。

まさにベンチャーが成功するのは、多くの場合、予想もしなかった市場で、予想もしなかった顧客が、予想もしなかった製品やサービスを、予想もしなかった目的のために買ってくれるときである。ベンチャーは、この事実を踏まえ、予期せぬ市場を活用できるよう自らを組織しておかなければならない。あくまでも市場志向、市場中心でなければ、単に競争相手のために機会をつくっただけに終わる。

一九〇五年、ドイツのある化学者が外科の局部麻酔剤としてノボカインを開発した。しかし、それを使う医者はいなかった。彼らは全身麻酔にこだわっていた。ところが、予想もしなかったことに、歯科医がそれを使い始めた。憤慨したその化学者は、その間違いについて講演までしたという。歯科医のために開発したのではなかった。

このような反応は極端である。しかし、起業家という者は、イノベーションの目的を自分なりにもっている。そのため、別の使われ方をすると腹を立てる。予定外の客に売ることを、拒否はしないかもしれないが、歓迎しないことをはっきり示したがる。

コンピュータに起こったことは、まさにそれだった。最初にコンピュータを開発したユニバックは、その巨大な機械を科学用に設計していた。一般の企業が関心を示しても、セールスマンを派遣しなかった。「そもそも企業は、コンピュータが何たるかさえ知らないのではないか」と言っていた。IBMも、最初は科学用にコンピュータを設計した。天文学の計算が目的だった。しかしIBMは、企業からの注文を喜んで受け、サービスを提供した。一〇年後の一九六〇年ころ、ユニバックは最高のコンピュータを手にしていたが、IBMは市場を手にしていた。

マネジメントの教科書は、このような問題の解決策として市場調査を教える。間違った処方箋である。まったく新しいものについて、市場調査をすることはできない。まだ市場に出ていないものを市場で調査することは不可能である。

コピー機の特許の売り込みを受けた印刷機メーカーは、完璧な市場調査を行った。その結果、印刷会社はコピー機を使わないとの結論を得て、特許の買い取りを断った。企業や学校や個人が、コピー機を買うようになるとは思いもしなかった。

したがってベンチャーは、自らの製品やサービスが、思いもしなかった市場で、思いもしなかった使われ方のために、なじみのない素人の顧客によって買われることがあっても当然との前提のもとに、事業をスタートさせなければならない。ベンチャーを市場志向にすることは、特にむずかしいことではない。しかし、そのために必要なことは、起業家の性向に反する。予期せぬ成功や失敗など、予期せぬものを体系的に探さなければならない。予期せぬものを例外として片づけず、機会として調べなければならない。

第二次大戦の直後、インドのある小さな会社が、ヨーロッパからライセンスを買って原動機付き自転車の生産販売を始めた。インドにはうってつけの製品に思われた。しかし、あまり売れなかった。ところがその会社のオーナーは、ある地方から原動機だけの注文がかなりあることに気づいた。初め、彼は無視した。あんな小さな原動機で何ができるというのか。だが、彼はその地方へ出かけてみた。そこで、農民たちが、それまで人力で行っていた灌漑を自分の原動機で行っているのを見た。

この会社は、今日では灌漑用小型ポンプの世界最大のメーカーとして、年間数百万台を生産販売している。この会社のポンプが、東南アジア全体に農業革命をもたらしている。

予期せぬ市場からの予期せぬ関心が、本当の可能性を示すものか、それとも単なる好奇心にすぎないかを見分けるには、大してコストはかからない。わずかな感受性と体系的な作業が必要なだけである。外へ出て見ればよい。市場に出て、顧客やセールスマンと時間を過ごし、見たり聞いたりすればよい。

ベンチャーに取り組む人は、製品やサービスの意味を決めるのは、顧客であって生産者ではないことをつねに思い起こす仕組みをつくっておかなければならない。製品やサービスが顧客に提供している効用や価値について、たえず疑問を投げかけなければならない。

最大の危険は、製品やサービスが何であり、何であるべきかであり、いかに買われ、何のために使われるかについて、顧客以上に知っていると思い込むことである。予期せぬ成功を、屈辱ではなく機会としてとらえなければならない。そして、顧客のニーズを変えることによって対価を得るのではないというマーケティングの基本を受け入れなければならない。企業は、顧客がもっているニーズを満足させることによって対価を得る。

財務上の見通しを立てておく

設立間もないベンチャーに特有の病が、市場志向の欠如である。それは、初期段階における深刻な病である。ベンチャーを殺しはしないまでも、その発育を完全にとめてしまいかねない。これに対し、財務志向の欠如と財務政策の欠落は、成長の次の段階における最大の病となる。特に、急成長しつつあるベンチャーにとって脅威となる。財務上の見通しをもたないことは、成功するほど大きな危険となる。

製品やサービスで成功し、急成長する。大幅な増益とばら色の見通しを発表する。株式市場が目をつける。ハイテクなど流行の分野であれば、大きな注目が集まる。五年以内に売上げ一〇億ドルとの見通しさえ聞かれるようになる。だが一年半後、挫折する。倒産はしないかもしれないが、赤字のために、二七五人の従業員のうち一八〇人を解雇せざるをえなくなる。社長は退陣する。あるいは、大企業に安く買い取られる。

原因はいつも同じである。第一に、今日のための現金がない。第二に、事業拡大のための資本がない。第三に、支出や在庫や債権を管理できない。おまけに、これら三つの症状は同時に起こることが多い。一つでも起こると、大きく体力を損なう。財務上の危機はひとたび起こるならば、立て直しに非常な労力と苦痛を伴う。しかし、これら三つの症状は、いずれも予防することができる。

ベンチャーの起業家が、金に無頓着であることはあまりない。きわめて貪欲である。彼らは利益を重視する。しかし、それはベンチャーとしては間違った態度である。利益は結果としてもたらされるのであって、最初に考えるべきことではない。利益よりも、現金、資本、管理のほうが先である。これらのものがなければ、利益の数字も絵空事に終わる。目の前の利益など、一年から一年半で消える。

成長には栄養が必要である。成長するということは、資金の余剰ではなく、資金の不足を意味する。成長には、現金が必要である。利益は虚構である。バランスシートの一項目にすぎない。しかも、この虚構に対し、ほとんどの国が税金をかけている。成長は、余剰の発生ではなく、債務の発生と現金の流出をもたらす。ベンチャーは、成長が健全であって速いほど、より多くの資金上の栄養を必要とする。新聞や株式情報に大きく取りあげられたベンチャーや、史上最高利益を更新したベンチャーが、二年後には無惨な苦境に陥る。

ベンチャーは、キャッシュフローの分析と予測と管理を必要とする。この数年、ハイテク企業を例外として、アメリカのベンチャーの経営状態がよくなっているのは、新しい起業家たちが、起業家精神には資金のマネジメントが不可欠であることを、ようやく理解するようになったためである。

資金のマネジメントは、キャッシュフローの予測によって容易に行うことができる。ここでいう予測とは、希望的観測ではなく、最悪のケースを想定した予測である。キャッシュフローの予測と計画については、むかしから、「債務は思ったよりも二か月早く決済しなければならず、債権は二か月遅く決済される」との経験則がある。慎重すぎることはない。たとえ慎重すぎたとしても、資金が一時的に余るだけの話である。

つねに一年先を見て、どれだけの資金が、いつごろ、何のために必要になるかを知っておかなければならない。一年の余裕があれば、ほとんどの場合手当ては可能である。しかし、切迫した状況のもとで資金を調達することは、事業がうまくいっているときでも困難であり、法外なコストがかかる。

しかも重要な時期に、重要な人材に寄り道をさせる。数か月にわたって、金融機関まわりや財務見通しの練り直しに、時間とエネルギーをとられる。挙げ句は、わずか三か月の資金繰りのために、事業そのものを抵当に入れさせられる。再び時間と頭脳を事業に集中できるようになったころには、機会を逃している。なぜならば、ベンチャーの本質からして、機会がもっとも大きくなるとき、資金繰りがもっとも苦しくなるからである。

成功しているベンチャーは、自らの資本構造を超えて成長する。これまた経験則によれば、売上げを四〇%から五〇%伸ばすごとに、それまでの資本構造では間に合わなくなる。資本構造を変えなければならない。ベンチャーは、成長するに伴い、オーナー自身や家族、あるいは友人という私的な資本では間に合わなくなる。株式の公開、既存企業との提携、保険会社や年金基金からの資金調達など、大きな資金源をもたなければならなくなる。増資によって資金を調達してきたのであれば、長期の借入を行わなければならなくなる。逆もある。成長によって、それまでの資本構造が陳腐化し、障害となる。

これらに加え、ベンチャーは、成長のマネジメントに必要な財務のコントロールシステムを確立しておかなければならない。素晴らしい製品をもち、市場で素晴らしい地位を占め、素晴らしい成長の可能性をもつベンチャーが、次々に登場してくる。その多くが、突然、マネジメント不能となる。未収金、在庫、製造コスト、管理コスト、アフターサービス、流通、その他あらゆるものをマネジメントできなくなる。一つをコントロールできなくなると、あらゆることをコントロールできなくなる。それまでのシステムを超えて成長してしまったためである。しかも、ようやく新しいシステムができたころには、市場は失われ、顧客は、反感とまではいかなくとも不信を抱くようになっている。流通業者は信頼しなくなっている。最悪なことに、従業員がマネジメントを信用しなくなっている。当然である。

急激な成長は、つねに既存のコントロールシステムを陳腐化する。ここでも、成長率にして四〇%から五〇%が、一つの段階として重要な意味をもつ。一度コントロールの能力を失うと、取り戻すことはむずかしい。だがここでも、予防することはかなり容易である。

自社にとってもっとも重要なこと、たとえば、アフターサービス、未収金や在庫、製造コストについて、財務の観点から検討しておかなければならない。最重要項目が四つないし五つを超えることはほとんどない。これに加えて、マネジメント関連のコストについても気をつけておかなければならない。マネジメントコストの増大は、マネジメントや事務の人間の雇いすぎを意味する。

ベンチャーが成長していくためには、それらの最重要項目について、つねに三年先を見越し、コントロールのシステムを確保していかなければならない。細部にわたるシステムは必要ないし、数字も大雑把でよい。重要なことは、それらのことを意識し、注意し、必要に応じて迅速に対応できるようにしておくことである。最重要項目に注意さえしていれば、通常、コントロール上の混乱は生じない。そのための手法は簡単に手に入る。会計の教科書に説明してあるとおりである。ただし、自ら行わなければならない。

トップ・チームを構築する

市場において、しかるべき地位を確立し、しかるべき資金手当は行った。しかるべき資本構造とコントロールシステムも確立した。それにもかかわらず、数年後、深刻な危機に陥ることがある。まさに確立した事業体として成功し、成人したかに思われたそのときに、理解できない苦境に立つ。製品は一流、見通しも明るい。しかし、事業は成長しない。収益や財務体質などの分野で成果があがらない。

原因はつねに同じである。トップマネジメントの欠落である。企業の成長が、少人数でマネジメントできる限界を越えてしまった結果である。いまや、トップのチームが必要である。実際には、そのときすでに適切なチームがなければ手遅れである。生き延びることで精一杯となる。たとえ生き延びたとしても、不治の機能不全に陥るか、少なくとも数年は出血がとまらない。士気は衰える。従業員は幻滅し、熱気は失われる。事業をつくり築きあげた創業者は追い出される。

対策は簡単である。必要となる前に、前もって構築しておくことである。チームは一夜にしてならず。機能するようになるには時間がかかる。チームは相互信頼と相互理解でできる。そのためには数年を要する。私の経験では三年以上かかる。しかし、成長しつつある小さなベンチャーが、トップマネジメントのチームをもつ余裕はない。立派な肩書と相応の報酬を伴う人たちを六人も抱えることはできない。ごくわずかの数の人間で、出てくる問題を処理していかなければならない。それでは、いかにしてこの円を四角にするか。

対策は簡単である。ただしそのためには、創業者自身が、いつまでも自らマネジメントするのではなく、やがてはトップマネジメントのチームに引き継がせる決意をしておかなければならない。もしトップのひとりないし二人が、あらゆることを自ら行い続けるつもりであるならば、数か月あるいは遅くとも数年後には、経営危機が不可避となる。

市場や人口などの客観的な指標によって、三年から五年後に倍の規模に成長することが明らかになったならば、間もなく必要となるトップ・チームの構築が急務となる。準備が必要となる。

第一に、創業者自身が、事業にとって特に重要な活動について、おもな人たちと相談しなければならない。存続と成功がかかっている活動は何か、何が重要な活動かについては、あまり異論はないはずである。もし意見の違いや対立があるならば、徹底的に検討しなければならない。重要な活動としてあげられたものは、すべて検討の対象としなければならない。

重要な活動といっても、本のなかから探すことはできない。実際の事業の分析から見出すべきものである。同じ種類の事業に見えても、重要な活動として位置づけられるものが、まったく異なることがある。生産活動かもしれないし、顧客サービスかもしれない。あらゆる組織に共通する重要な活動は二つしかない。人のマネジメントと、資金のマネジメントである。それ以外の活動は、事業や仕事、価値観や目標を内部から見ている人たちが決めなければならない。

第二に、創業者などおもな人たちの一人ひとりが、「自分が得意とするものは何か。ほかの人たちが得意とするものは何か」を考えなければならない。このときも、それぞれが得意とするものについては、考えが一致するはずである。一致しない点は、すべて検討の対象として取りあげなければならない。

第三に、「それぞれの強みに応じて、誰がいずれの活動を担当すべきか。誰がどの活動に向いているか」を検討しなければならない。こうして、ようやくトップ・チームが構築される。

創業者といえども、人事が得意でなければ、口を挟まないよう自制しなければならない。強みは、新製品や新技術にあるかもしれない。日常業務、製造、物流、アフターサービスにあるかもしれない。財務かもしれない。人事は他人に任せたほうがよいかもしれない。重要な仕事はすべて、実績のある者が担当すべきである。CEOは何を担当すべきであるというルールはない。

もちろんCEOは、最高の意思決定機関であって、最終責任を負う。したがって、この最終責任を果たすうえで必要な情報は、必ず入るようにしておかなければならない。しかし、CEO自身の仕事は、企業が何を必要とし、彼自身がいかなる人間であるかによって決まる。仕事が何であれ、企業にとって重要な活動を担当するのであれば、立派なCEOである。だが、ほかの重要な活動のすべてが、誰かによって担当されるようにはしなければならない。

第四に、重要な活動のすべてについて、目標を定めなければならない。製品、人的資源、資金のいずれにせよ、重要な活動に責任を負うことになったすべての人に対し、「何を期待できるか。何に責任を負ってもらえるか。何をいつまでに実現するつもりか」を問わなければならない。

これらは、マネジメントの初歩にすぎない。

当初は、このトップ・チームは非公式であってよい。成長段階にあるベンチャーでは、肩書を与えることも、公表することも、上乗せの報酬を払うことも必要ない。むしろ新しい陣容が機能し、その様子が明らかになるまで、一年ほど待ったほうがよい。その間、チームの全員が、それぞれの仕事、協力の仕方、たがいの仕事をしやすくするために行わなければならないことなど、多くのことを学ぶ必要がある。

こうして二、三年後、いよいよトップ・チームが必要になったとき、まさにそれは存在していることになる。しかも、もしそのようになっていないようであれば、そのはるか前に、マネジメントの能力そのものが失われているに違いない。創業者は仕事の負荷に耐えられなくなり、重要な仕事が行われなくなっている。

考えられるケースは二つある。一つは、創業者自身が能力と関心をもつ一つか二つの活動に没頭したままでいるケースである。それらの活動は重要である。しかし、それらだけが重要というわけではない。それら以外の活動は、見る人もないまま放っておかれる。二年後には、事業が苦境に陥る。

もう一つの、さらに悪いケースは、創業者が良心的すぎる場合である。彼は、人と資金が重要であること、そしてそれらをマネジメントしなければならないことを知っている。そこで、自分の能力と関心が新製品の設計と開発にあるにもかかわらず、人と資金を自らマネジメントしようとする。だが才能がないために、いずれもうまくいかない。意思決定や行動に時間がかかる。そのため時間がなくなり、得意とする肝心の新製品や新技術の開発がなおざりになる。三年後には、必要な製品もなく、人や資金のマネジメントもない抜け殻となる。

前者のケースであれば、企業を救うことは不可能ではない。つまるところ、製品はある。創業者が、再建のために乗り込んできた人にトップの座を取って代わられるだけである。後者のケースでは、事業は再建することさえできない。事業は身売りされるか、清算される。

したがって、ベンチャーは、トップ・チームが実際に必要となるはるか前から、それを構築しておかなければならない。ワンマンによるマネジメントが失敗する前に、そのワンマン自身が、同僚と協力すること、人を信頼すること、さらには人に責任をもたせることを学ばなければならない。創業者は、付き人をもつスターではなく、チームのリーダーになることを学ばなければならない。

創業者はいかに貢献できるか

ベンチャーのマネジメントに関して重要なことを一つだけあげるとするならば、それはチームとしてのトップマネジメントの構築である。しかし創業者自身にとっては、それは事の始まりにすぎない。ベンチャーが発展し、成長するに伴い、創業者たる起業家の役割は変わらざるをえない。これを受け入れなければ、事業は窒息し、破壊される。

もちろん創業者たる起業家は、これらのことについてイエスと同意する。彼としても、事業の変化に対応できず、事業とともに自らも挫折してしまった創業者の悲惨な話は聞いている。しかし、何かをしなければならないことはわかっていても、自らの役割をいかに変えたらよいかを知っている者はあまりいない。

彼らは「何をしたいか」から考える。あるいは、せいぜい「自分は何に向いているか」を考える。しかし、正しい問いは、「客観的に見て、今後、事業にとって重要なことは何か」である。創業者たる起業家は、この問いを、事業が大きく伸びたとき、さらには、製品、サービス、市場、あるいは必要とする人材が大きく変わったとき、必ず自問しなければならない。

次に問うべき質問は、「自分の強みは何か。事業にとって必要なことのうち自分が貢献できるもの、他に抜きんでて貢献できるものは何か」である。この問いを徹底的に考えて、初めて「自分は何を行いたいか。何に価値を置いているか。残りの人生とまではいかなくとも、今後、何をしたいか」「それは事業にとって本当に必要か。基本的かつ不可欠な貢献か」を問うことができる。
ベンチャーが必要とすることや、創業者たる起業家が強みとすること、あるいはその起業家がしたいと考えていることは、まさに千差万別である。

ポラロイドカメラの発明者エドウィン・ランドは、一九五〇年代の初めごろまで、すなわち会社創立後の一二年ないし一五年間は、自らマネジメントにあたっていた。しかし会社が急成長を始めた後は、トップのチームをつくってマネジメントを任せた。自分にはマネジメントの仕事は向かないと判断していた。貢献できるのは、科学的なイノベーションだった。そこで、自らを研究者と位置づけ、基礎研究担当の相談役になった。マネジメントは、ほかの者に任せた。

マクドナルドを構想し、創業したレイ・クロックも同じ結論に達した。彼は八〇歳をすぎて他界するまで、社長をしていた。しかし、日常の業務はトップのチームに任せ、彼自身は「マーケティングの良心」の役割を果たした。他界する直前まで、毎週自分の店を二、三軒訪れ、品質や清潔度や親しみやすさを点検していた。顧客を観察し、話しかけ、耳を傾けた。こうしてマクドナルドは、少なくとも彼が亡くなるまでは、ファーストフード業界のトップを維持するうえで必要な変革を行い続けることができた。

自分の得意、不得意を考える

創業者はいかに貢献できるかとの問いが、創業者とそのベンチャーの双方にとって、つねに満足のいく答えをもたらすとはかぎらない。ときには、創業者が手を引くこともある。

アメリカでもっとも成功している金融関連のベンチャーの一つにおいて、創業者の下した結論がこれだった。彼は、トップのチームをつくったうえで、会社が必要としているものは何かを自問した。そして、自分自身と自分の強みについて考えた。その結果、会社が必要とするものと、自分がしたいこととの間はもとより、自分の能力との間にさえ共通するものがないことを知った。やがて、彼は「一年半かけて、後継者を育て、事業を引き継がせ、辞任した」。

彼はその後、金融以外の分野でベンチャーを三つ創業し、いずれも中堅企業に育てた。そして、そのいずれからも手を引いた。新しい事業を育てることを好んだが、マネジメントは好まなかった。事業と別れることが、事業にとっても、自分にとっても幸せであるという事実を受け入れていた。

似た状況であっても、起業家によって達する結論は異なる。

ある有名な医療機関の創業者であり、今日その分野ではリーダーとして知られる人が、かつて同じようなジレンマに直面した。それは、その医療機関が、マネジメントと資金調達の両方ができる人を必要としていたのに対し、彼自身は、研究者や臨床医であることを望んでいたことだった。

しかし彼は、自分が資金調達を得意とし、かつ医療機関のCEOになる能力をもっていることを知っていた。「そこで私は、自分自身の希望を抑え、CEOとしての仕事と資金調達の仕事を引き受けることが、自分のつくったベンチャーと同僚に対する義務と考えた。もちろん、自信がなかったり、理事会や相談相手が君なら大丈夫と言ってくれなかったならば、そのような役は引き受けなかった」

「自分は何が得意で何が不得意か」との問いこそ、ベンチャーが成功しそうになったとたんに、創業者たる起業家が直面し、徹底的に考えなければならない問題である。しかし実は、そのはるか前から考えておくべきことである。あるいは、ベンチャーを始める前に、すでに考えておくべきことかもしれない。

これは、第二次大戦の敗戦後という暗澹たる日本において、本田宗一郎が本田技研工業というベンチャーを始めるにあたって行ったことだった。彼は、マネジメント、財務、マーケティング、販売、人事をパートナーとして引き受けてくれる者が現われるまでは、事業を本格化しなかった。彼自身は、エンジニアリングと製造以外は何もやらないことにしていた。この決心が、やがてホンダを成功に導いた。

ここに、ヘンリー・フォードという、さらにむかしの、さらに教えられる例がある。フォードは、一九〇三年に事業を始めることを決心したとき、ちょうど、四五年後の本田と同じ決心をした。彼は、苦手なマネジメント、財務、マーケティング、販売、人事を引き受けてくれる適当なパートナーを見つけてから、ベンチャーを始めた。フォードも、本田と同じように、自分がエンジニアリングと製造の人間であることを知っており、自らをこの二つの分野に限定した。

彼が見つけたジェイムズ・カズンズは、フォードに劣らず会社の成功に貢献した。一九一四年ころに導入した有名な一日五ドルの日給制、あるいはフォードの先駆的な流通とアフターサービスなど、ヘンリー・フォードが考えたとされていることの多くは、カズンズの考えたものであって、むしろフォードが反対したものだった。しかしその後、彼は有能なカズンズを疎んじ、一九一七年には、ついに追い出してしまった。そのきっかけが、脱T型とその後継車開発というカズンズの主張だった。

フォード社は、まさにカズンズの辞任まで成長と繁栄を続けた。しかし、カズンズの辞任の数か月後、かつては自分が何に向いていないかを知っていたヘンリー・フォードが、トップの機能をことごとく手中にしたとき、長い衰退の時代に入った。彼はその後一〇年間にわたって、T型モデルが文字どおりまったく売れなくなるまで、それにしがみついた。フォードの衰退は、カズンズ辞任の三〇年後、おそろしく若いヘンリー・フォード二世が、事実上倒産した事業を引き継ぐまで続いた。

相談相手をもつ

これらの例は、ベンチャーの創業者には、外部の人間の客観的な助言が必要なことを教える。成長しつつあるベンチャーは、取締役会を必要としないかもしれない。そもそも取締役会なるものの多くは、創業者が本当に必要とする相談相手にはなれない。しかし創業者は、基本的な意思決定について話し合い、耳を傾けるべき相談相手を必要とする。そのような人間は、社内ではめったに見つからない。

創業者の判断やその強みを問題にできる人物が必要である。第三者の立場にいる者が、創業者たる起業家に対し、質問をし、意思決定を評価し、そして何よりも、市場志向、財務見通し、トップ・チームの構築など、生き残りのための条件を満たすよう、たえず迫っていく必要がある。これこそ、ベンチャーが起業家マネジメントを実現するための最大の要件である。

このように起業家としてマネジメントするベンチャーが、やがて大企業として繁栄する。しかし、あまりに多くのベンチャー、特にハイテクのベンチャーが、本章で述べてきた原理を退け、ばかにする。「それらはマネジメントのすることであって、自分は起業家である」と言う。だがそのような考えは、自由を意味しない。無責任を意味するだけである。形と本質を混同している。規律のないところに自由はない。規律のない自由は放縦であって、やがて無秩序へと堕落する。あるいは、時をおくことなく、独裁へと堕落する。ベンチャーが見通しと規律を必要とするのは、起業家精神を維持し、強化するためである。成功がもたらす要求に応えるためである。

何よりも、ベンチャーは責任を必要とする。まさに、起業家がこの責任を果たせるようにすることが、起業家マネジメントである。

4章 起業家がとるべき戦略

四つの戦略

起業家精神を発揮するには、起業家マネジメント、すなわち組織の内部に関わるいくつかの原理と方法が必要である。これに加えて組織の外部、すなわち市場に関わるいくつかの原理と方法が必要である。それが起業家戦略である。最近、経営戦略が流行し文献も多く出ているが、起業家戦略について論じたものは見たことがない。しかし、起業家戦略こそ重要である。しかも、それはユニークである。他の経営戦略とは異質である。

起業家戦略には四つある。総力戦略、ゲリラ戦略、ニッチ戦略、顧客創造戦略である。これら四つの戦略は、いずれか一つを選べというものではない。そのうちの二つを組み合わせ、ときには三つを組み合わせて一つの戦略とすることができる。はっきりと区別できるものではない。同じ戦略を、ゲリラ戦略あるいはニッチ戦略としてとらえることができる。しかしこれら四つの戦略には、それぞれ特徴がある。合致するイノベーションと合致しないイノベーションがある。それぞれが、起業家に対し明確な行動を要求する。それぞれに限界があり、リスクがある。

総力戦略──市場の支配を目指す

「総力による攻撃」は、南北戦争において、南軍の騎兵隊将校が連戦連勝の秘密を明かしたときに使った言葉である。起業家はこの戦略によって、新しい市場や産業の完全支配は無理としても、トップの座を得る。つねにそうとはかぎらないが、しばしば、新たに大きな産業を生み出す。最初から永続的なトップの地位をねらう。

この戦略は、最高の起業家戦略とされているものである。起業家についての文献のあるものは、この戦略だけが起業家戦略であるとしている。特に、ハイテク起業家の多くがそう考えている。だが、そのような考えは間違いである。

たしかに、多くの起業家がこの戦略をとる。しかし、この戦略は、リスクがもっとも低いわけではないし、成功の確率がもっとも高いわけでもない。起業家戦略として優れているわけでもない。それどころか、あらゆる起業家戦略のなかで、もっともギャンブル性が強い。いっさいの失敗を許さず、チャンスが二度とない辛い戦略である。ただし、成功すれば成果は大きい。

スイスのバーゼルにあるホフマン・ラロッシュは、好収益をあげている世界最大の医薬品メーカーである。一九二〇年代のなかごろまでは、繊維用染料を扱うさえない化学品メーカーだった。ドイツの大手染料メーカーや、スイスの大手化学品メーカーの影に隠れた存在だった。

同社は、新しく発見されたビタミンに賭けた。当時、学界はそのような物質の存在さえ全面的には認めていなかった。同社は、誰も欲しがっていなかったビタミンの特許を取得した。チューリッヒ大学からビタミンの発見者を大学教授の給与の数倍という、業界では異例の高給で引き抜いた。そして、手元の資金に加え、借りられるだけの資金を集めて、この新しい物質の製品化とマーケティングに投入した。ビタミンの特許消滅から久しい今日、ホフマン・ラロッシュは、依然として世界のビタミン市場の半分を占め、年間数十億ドルの売上げをあげている。

デュポンも同じ戦略をとった。一五年に及ぶ苦労の末、最初の合成繊維であるナイロンの開発に成功すると、ただちに総力をあげて大工場をつくり、宣伝を大々的に行い、新たな化学産業を生み出した。

この戦略は、大事業になることを目指す必要はない。だが、つねに市場の支配を目指す必要がある。

ミネソタ州セントポールにある３Ｍは、おそらく慎重に検討したうえでの結論だろうが、大事業になるようなイノベーションには取り組まない方針をとっている。保健衛生用品のメーカーであるジョンソン・エンド・ジョンソンも同じである。両社は、大事業ではなく、中くらいの事業に発展するイノベーションを行ってきた。だが、市場の支配は目指している。

この戦略は、真に新しいものをつくり出すことを目指しているため、外部の素人でも専門家と同じ働きをする。あるいは、それ以上の働きをする。

ホフマン・ラロッシュでは、創業者の孫娘と結婚した化学者ならぬ音楽家が、この戦略をとった。自分のオーケストラを維持するためには、同社のわずかな配当では足りなかった。以来、同社は、化学者によってマネジメントされたことは一度もない。代々、銀行出身者によってマネジメントされている。

この戦略は、必ず的に命中させなければならない。さもなければ失敗する。月をねらうのに似ている。わずかに狂うだけで、ロケットは宇宙のかなたに消え去る。ひとたび発射してしまえば、修正や調整はきかない。したがって、この戦略には徹底した思考と分析が不可欠である。小説や映画に出てくるような起業家や、突然思いついたアイデアをすぐ実行するような人に成功はおぼつかない。明確な目標を一つ掲げ、それに全エネルギーを集中しなければならない。しかも成果が出始めるや、さらに資源を大量投入しなければならない。

イノベーションが事業として成功したあと、本当の仕事が始まる。トップの地位を維持していくための継続的な努力が必要となる。さもなければ、競争相手に市場を奪われる。リーダーシップを握った以上、これまでよりも速く走り、イノベーションの努力をさらに大規模に続けなければならない。開発費も、イノベーションに成功した後でこそ増額しなければならない。新しい製品の利用法を開発し、新しい顧客を発掘し、新しい製品を試してもらわなければならない。

何にもまして、この戦略によって成功した起業家は、競争相手よりも先に、自らの手で製品やプロセスを陳腐化させていかなければならない。次世代の製品やプロセスを開発するために、最初の成功をもたらしたと同じだけの努力と資源を投入しなければならない。さらには、価格を計画的に下げなければならない。高価格を維持することは、競争相手に傘をさしかけ、やる気を起こさせるだけである。

この戦略はリスクが大きい。ほかの戦略がとられるのは、この戦略では成功よりも失敗のリスクのほうが大きいからである。強い意志がなければ失敗する。努力が十分でなければ失敗する。イノベーションとしては成功しても、十分な資源を投入しなければ失敗する。事業として成功しても、追加資源を投入しなければ失敗に終わる。多くの場合は、ほかの戦略をとるべきである。ほかの戦略のほうが望ましい。それは、リスクの問題ではない。必要なコスト、努力、資源に見合うほど大きなイノベーションの機会があまりないからである。

創造的模倣戦略——ゲリラ戦略①

ゲリラ戦略、すなわち「弱点を突く攻撃」もまた、南北戦争における南軍将校の言葉である。起業家のための戦略としては、創造的模倣戦略と柔道戦略の二つが、これに該当する。

ハーバード・ビジネススクールの教授、セオドア・レヴィットの造語である創造的模倣なる概念は、明らかに矛盾している。創造的とは、オリジナルということである。あらゆる模倣に共通していることは、オリジナルではないということである。しかし、これはぴったりの言葉である。この戦略は模倣である。起業家は、すでに誰かが行ったことを行う。しかし、最初にイノベーションを行った者よりも、そのイノベーションの意味をより深く理解するがゆえに、より創造的である。

この戦略をもっとも多く使い、大きな成果をあげてきたのはIBMである。あるいは、世界の時計市場においてトップの地位を得た日本のセイコーである。

一九三〇年代初め、IBMは、ニューヨークにあるコロンビア大学の天文学者のために、高速の計算機をつくった。数年後には、ハーバード大学の天文学者のために、今日のコンピュータの原型ともいうべき計算機をつくった。第二次大戦が終わるころには、記憶装置とプログラム能力を備えたコンピュータをつくった。

しかしそのIBMが、コンピュータのイノベーターとして歴史の本で取りあげられることはない。それなりの理由がある。IBMは、その先駆的なコンピュータを一九四五年に完成し、ニューヨークの街中で大勢の人たちを集めて実演した後、せっかくの自らの設計を捨て、ペンシルベニア大学が開発したＥＮＩＡＣに乗り換えた。ＥＮＩＡＣは、設計者は認識していなかったが、計算事務に使いやすかった。ＩＢＭは、計算事務という平凡な仕事に使えるようＥＮＩＡＣの設計を取り入れ、生産し、アフターサービスすることにした。一九五三年、ＥＮＩＡＣのＩＢＭ版が世に出るや、ただちに、企業用の多目的メインフレーム・コンピュータの標準となった。これが創造的模倣戦略である。

誰かが新しいものを完成間近までつくりあげるのを待つ。そこで、仕事にかかる。短期間で、顧客が望み、満足し、代価を払ってくれるものに仕上げる。ただちに標準となり、市場を奪う。

時計業界は、半導体が開発されたとき、それまでの時計よりも正確で信頼が置け、しかも安いものがつくれるようになったことを知った。スイスの時計メーカーも、クォーツ時計を開発した。しかし、すでに従来型の時計に多額の投資を行っていた彼らは、新製品を贅沢品として位置づけ、時間をかけて導入していくことにした。他方、日本で国内市場向けに腕時計をつくっていたセイコーは、半導体にイノベーションの機会を見出し、創造的模倣戦略をとって、クォーツ時計を普及品として売り出した。スイスのメーカーが気づいたときには、すでに遅かった。セイコーの腕時計は世界のベストセラーとなり、スイスのメーカーはほとんど市場から追いやられた。

創造的模倣戦略は、総力戦略と同じように、トップの地位を目指す。リスクははるかに小さい。創造的模倣を行う者が動き出すころには、市場は確立し、製品が市場で受け入れられている。それどころか普通、最初のベンチャーが供給できる以上の需要が生まれている。市場はすでに明らかになっている。少なくとも明らかにできるようになっている。しかも、顧客が「何を買っているか」「いかに買っているか」「何を価値としているか」を市場調査によって明らかにすることができるようになっている。

もちろん、イノベーションを行った者が最初からすべてを行い、戸を閉めてしまうこともある。ビタミンのホフマン・ラロッシュやナイロンのデュポンのように、行うべきことをすべて行うことがある。しかし、これまで創造的模倣に成功した起業家の数を見るかぎり、最初にイノベーションを行った者が、すべてのことを行い、市場を独占することは、それほど多くない。

創造的模倣戦略は、他人の成功を利用する。それは、一般に理解されているような意味でのイノベーションではない。製品やサービスを発明しない。すなわち、製品やサービスを完成させ、その位置づけを行う。通常、新しい製品やサービスは、市場に導入されたままの形では、何かが欠けている。いくつかの特性を追加する必要があるかもしれない。少しずつ違う市場向けに少しずつ違うものが必要とされ、製品やサービスを細分化することが求められているかもしれない。市場で正しい位置づけを行うことが求められているかもしれない。何か欠けているものがあるかもしれない。創造的模倣戦略は、顧客の目から製品やサービスを見る。

何にもまして、製品ではなく市場から、生産者ではなく顧客からスタートする。市場志向であり、市場追随である。新しい製品やサービスを導入した者の顧客を奪い取ることによって成功するのではない。彼らが生み出しながら、放っておいた市場を相手にする。すでに存在している需要を満たすのであって、需要そのものを生み出すのではない。

創造的模倣戦略にも、特有のリスクがある。リスクはかなり大きい。そのため、リスクを分散させようとして、誤ってエネルギーを分散させる危険がある。さらには、状況を誤解して模倣する危険がある。意味のない市場の動きを創造的に模倣してしまう。

創造的模倣家として世界一の実績をもつＩＢＭは、これらのリスクをよく表わしている。これまでＩＢＭは、オフィス・オートメーション（ＯＡ）の主要製品について、創造的模倣によって成功してきた。しかし、それらＩＢＭの製品は、模倣からスタートしたものであるために、あまりに種類が多く、統合したシステムを構築することが困難になっている。したがって今後、ＩＢＭがＯＡの分野で統合的なシステムを供給し、トップの座を維持できるかどうかは疑問である。しかも、ＯＡは未来の大市場である。

このリスク、すなわち利口すぎることのリスクこそ、この戦略につきものである。創造的模倣戦略は、ある単純な理由から、ハイテク分野でもっとも有効に働く。すなわち、ハイテクのイノベーションを行う者は、市場志向であることがほとんどなく、技術志向、製品志向だからである。そのため、彼らは自らの成功を誤って理解し、自らが生んだ需要に応えることができない。

柔道戦略――ゲリラ戦略②

一九四七年、ベル研究所がトランジスタを開発した。ラジオやテレビの真空管の代わりになることは、ただちに明らかになった。誰もが知っていた。だが、誰も何もしなかった。当時、アメリカの大手電機メーカーは、トランジスタへの転換を一九七〇年ころに行う計画を立てた。そして、それまではトランジスタは使いものにならないとした。

ところが、国際的にまだ無名で、家電メーカーの間でさえあまり知られていなかったソニーの社長、盛田昭夫が、トランジスタのことを新聞で知った。彼はただちにアメリカへ飛び、トランジスタのライセンスを総額二万五〇〇〇ドルという破格の安値で、ベル研究所から買った。二年後、ソニーは、重さが真空管ラジオの五分の一以下、値段が三分の一以下という最初のポータブルラジオを世に出した。三年後には、アメリカの低価格ラジオ市場を手に入れ、五年後には世界市場を手に入れた。

これは、予期せぬ成功の拒否と利用の古典的な例である。アメリカの大手電機メーカーは、自分たちの発明ではないという理由で、すなわち、ＲＣＡやＧＥなどの業界を代表するリーダー企業の発明ではないという理由で、トランジスタの利用を拒んだ。プライドが邪魔をした典型的な例だった。彼らは、当時の技術の粋を集めた高級ラジオを誇りにしていた。シリコンチップのラジオは、彼らにとっては、体面に関わるほどのものではなかったが、高級なものではなかった。

しかし問題のポイントは、いかにしてソニーが成功したかにあるのではない。日本企業がこの戦略を何度も使い、そのたびに成功し、アメリカ企業を驚かせてきたことをいかに説明すべきかにある。日本企業は、アメリカ企業に対し、柔道戦略をとることによって何度も成功してきた。

同じように、アメリカ企業であるＭＣＩやスプリントも、ＡＴ＆Ｔの料金体系を利用して長距離通話市場のかなりの部分を奪った。ＲＯＬＭも、構内交換機（ＰＢＸ）市場の相当部分をＡＴ＆Ｔから奪った。

シティバンクも、ドイツでファミリエンバンクなる消費者銀行を設立し、数年の間に、消費者金融で支配的な地位を得た。ドイツの銀行も、普通の消費者が購買力をもつようになり、上客になりうることは知っていた。彼らも消費者金融に進出したが、本気ではなかった。特に、それまで法人客と富裕な個人客を顧客にしていた大銀行にとって、一般の消費者は自らの威厳にそぐわない存在だった。口座を開きたければ、郵便貯金に行けばよい。

日本企業、ＭＣＩ、ＲＯＬＭ、シティバンクなどの新規参入者はすべて、柔道戦略を使った。産業や市場において支配的地位の獲得を目指す戦略のうち、柔道戦略こそもっともリスクが小さく、もっとも成功しやすい戦略である。

金庫破りにせよ、こそ泥にせよ、常習犯は同じ手を使う。彼らは個性的な痕跡を指紋のように残す。何度逮捕されても変えない。性癖から逃れられないのは、犯罪の常習犯だけではない。誰でもである。企業や業界も同じである。何度トップの地位と市場を奪われようとも、性癖は変えられない。アメリカ企業は、日本企業に何度市場を奪われても性癖を変えなかった。

泥棒は自らの性癖のゆえに逮捕されたことを認めない。逮捕の原因となった性癖を直さず、言いわけを探す。自らの性癖によって市場を失った企業も、それを認めない。ほかの原因を言いわけにする。たとえば、日本企業の成功を低賃金のせいにする。しかし、ＲＣＡやマグナボックスのように現実を認識しているアメリカのメーカーは、アメリカの高賃金と福利厚生費を負担しつつ、日本企業と競争できる価格と品質の製品を生産している。

ドイツの銀行は、シティバンクの成功について、自分たちにはおかすことのできないリスクだったと弁解する。しかし実際には、ファミリエンバンクの貸し倒れは、ドイツの銀行よりも少ない。貸付条件は、ドイツの銀行と同じように厳しい。もちろん、ドイツの銀行はこのことを知っている。それでもなお、彼らは、自らの失敗とファミリエンバンクの成功について弁解を続ける。典型的というべきである。ここにこそ、なぜ柔道戦略という同じ戦略が何度も成功するかを示すヒントがある。

新規参入者に市場を奪われる原因——五つの悪癖

新規参入者に、柔道戦略を使わせ、急成長させ、トップの地位を得させてしまうのは、先行者に共通して見られる五つの悪癖のいずれかが原因である。

第一に、米語でいうところのＮＩＨ（Not Invented Here——自分たちの発明ではない）という態度、自分たちが考えたもの以外にはろくなものがないという傲慢さがある。この傲慢さのゆえに、先行者は、大手電機メーカーがトランジスタに対してそうだったように、新しいイノベーションを鼻であしらう。

第二に、もっとも利益のあがる部分だけを相手にするという、いいとこ取りがある。

これは、ゼロックスが行い、その結果、日本のコピー機メーカーに機会を与える結果になったものである。ゼロックスは、大手ユーザーに的を絞っていた。ほかの顧客を相手にしないわけではなかったが、力を入れなかった。当然、彼らは不満をもった。特に、サービスに不満をもった。そのため、競争相手にとって参入しやすくなっていた。

市場のいいとこ取りは、経営学的にも経済学的にも、初歩的な間違いである。つねに市場の喪失という罰を受ける。

第三に、価値についての誤解がある。製品やサービスの価値は供給者がつくるものではない。顧客が引き出し、対価を払うものである。製品は、生産がむずかしく、金がかかることに価値があるのではない。それは、単にメーカーとしての無能を示すだけである。顧客は自分にとって有用なもの、価値あるものを提供してくれるものに対価を払う。それ以外のものは価値ではない。

第四に、いいとこ取りや、価値についての誤解に関係があることとして、創業者利益なる錯覚がある。創業者利益こそ、つねに競争相手に対する招待状である。トップの地位を確立している者にとって大きな利益に見えるものも、実際は、数年後に覇権を争うべき新規参入者に与える補助金にほかならない。創業者利益は、株価の上昇をもたらす喜ばしいものではなく、自らに対する脅威とみなさなければならない。それは危険な弱みである。ところが、創業者利益なる幻想は、それがつねに柔道戦略に門を開くものであるにもかかわらず、今日、あまりに一般化している。

第五に、すでに地位を確立している企業によく見られ、かつ必ず凋落につながるものとして、多機能の追求がある。それは、製品やサービスの最適化ではなく、最大化を求めることである。典型がゼロックスである。市場の成長に従い、一つの製品やサービスによって、すべてのユーザーを満足させようとすることである。

日本のコピー機メーカーは、特定のユーザー、すなわち、歯科医、医師、校長室向けなど、小さなオフィス用のコピー機を開発して、競争に参入した。ゼロックスが誇りとしていた高速性や鮮明度では対抗しようとしなかった。彼らは、小さなオフィスが必要とするもの、安価で簡単なコピー機を導入した。そして、ひとたび市場で地歩を固めるや、次の市場にとって最適な機器を開発し、参入していった。同じようにソニーも、最初に安いポータブルラジオから参入した。そこで地歩を固め、次の市場へと移っていった。

柔道戦略を使う者は、たとえば、シティバンクのファミリエンバンクに反撃しなかったドイツの銀行のように、トップ企業が本気で守ろうとしない海岸の一部を確保する。そこで市場と売上げを手に入れると、次の一部を確保する。やがて島全体を確保する。しかも、同じ戦略をとる。それぞれの市場向けに最適の製品やサービスを設計する。すでにトップの地位にある企業が、戦いに勝つことはほとんどない。彼らは、新規参入者に支配権を奪われるまで、それまでの事業のやり方を変えようとしない。

もちろん、柔道戦略にもイノベーションが必要である。同じ製品やサービスを安価で提供するだけでは十分でない。既存のものとの差別化が必要である。

総力戦略や創造的模倣戦略と同じように、柔道戦略もトップの地位を目指し、やがては支配権をねらう。しかし、トップ企業と正面切って戦うことはしない。少なくとも、トップ企業が挑戦を気にしたり、脅威とみなしたりする分野では競争しない。柔道戦略とはゲリラ戦略の一つである。

関所戦略——ニッチ戦略①

総力戦略、創造的模倣戦略、柔道戦略という三つの起業家戦略は、市場や業界の支配はねらわなくとも、トップの地位を目指す。これに対し、隙間（ニッチ）の占拠を目指すニッチ戦略は、目標を限定する。すでに述べた三つの戦略が、大きな市場や業界で支配的な地位を占めようとするのに対し、ニッチ戦略は、限定された領域で実質的な独占を目指す。三つの戦略が競争を覚悟しているのに対し、ニッチ戦略は競争に免疫になることを目指し、挑戦を受けることさえないようにする。

総力戦略、創造的模倣戦略、柔道戦略に成功すれば、大企業となり、普通名詞とまではいかなくとも、目立つ存在となる。これに対し、ニッチ戦略に成功しても名をあげることはなく、実をとるだけである。それらの企業は、目立つことなく優雅に暮らす。この戦略のポイントは、製品としては決定的に重要でありながら、ほとんど目立たず、誰も競争しにこない点にある。

ニッチ戦略は三つあり、それぞれに、特有の条件、限界、リスクがある。関所戦略、専門技術戦略、専門市場戦略である。

アルコン・ラボラトリーズは、一般的な老人性白内障の手術で、手術時間がかかる原因になっていたプロセスを取り除く酵素を開発した。開発が終わり、特許を取得すると、その酵素は関所の地位を得た。手術に使う酵素小さじ一杯は、いかに高価であっても、手術費用全体からすればわずかなものだった。この酵素のコストを調べた眼科医や病院など、一つもないだろう。

市場は小さく、世界全体でも売上げは年間五〇〇〇万ドル程度である。競合品を開発するほどの価値はない。価格を下げても、白内障の手術が増えるわけではない。いかなる競争相手といえども、できることは、せいぜい世の中のために価格を下げることだけであって、自ら利益をあげることはできない。

このように、関所の地位はもっとも望ましい場所である。ただし、この戦略には厳しい条件がある。製品が、そのプロセスにおいて不可欠なものでなければならない。失明のリスクに伴うコストが、製品価格よりも圧倒的に大きくなければならない。市場の規模は、最初にその場を占めた者ひとりだけが占拠できる大きさでなければならない。一社だけが占拠でき、しかもあまりに小さく目立たないために、競争相手が現われようのない、まさに生態学的なニッチでなければならない。もちろん、そのような関所的な場所は、簡単には見つからない。通常、それは何らかのギャップのなかにある。アルコンの酵素のように、プロセス上のギャップであることもある。

そのうえ、関所戦略には厳しい限界とリスクが伴う。それは、基本的に静的な空間である。ひとたび適所を占めてしまえば、大きな成長は見込めない。関所の地位を占めた企業が、勝手に事業を拡大したり、変えたりすることはできない。いかに優れ、いかに安くとも、需要は、その製品が組み込まれているプロセスや製品への需要によって規定される。関所戦略は、ひとたび目標を達成すれば、すでに成熟期を迎えている。最終需要者の成長と同じ速さでしか成長できない。

しかも、関所戦略をとった者は、その独占を濫用することができない。山賊となって、山すその細い道や峡谷を通る無防備な旅人を強奪し、凌辱することを許されない。独占を濫用して、顧客を搾取し、強要し、虐待することはできない。そのようなことをすれば、ユーザーは別のメーカーを招き入れる。あるいは、たとえ優れていなくとも、ほかの製品に切り替える。

関所は、難攻不落である。だが、その守備範囲は狭い。

専門技術戦略――ニッチ戦略②

大手の自動車メーカーの名を知らない人はいない。ところが、電気系統システムを供給する部品メーカーの名を知っている人は、あまりいない。それら部品メーカーの数は、自動車メーカーよりも少ない。アメリカではGMのデルコ・グループ、ドイツではロベルト・ボッシュ、イギリスではルーカスなどである。これら歴史ある自動車部品メーカーは、専門技術によって、生態学的なニッチにおける支配的地位を獲得し、以来、その地位を維持してきた。これら部品メーカーは、優れた技術を開発することによって、かなり早い時期に市場を獲得した。

専門技術戦略は、タイミングが重要である。新しい産業、新しい習慣、新しい市場、新しい動きが生まれる揺籃期にスタートしなければならない。

カール・ベーデカーは一八二八年、中流階級向けの蒸気船によるライン川観光が始まるや、最初のガイドブックを発行した。そして、第一次大戦によってドイツの出版物がほかの国で受け入れられなくなるまで、事実上、欧米の市場を独占した。

専門技術戦略を使うためには、どこかで何か新しいこと、つけ加えるべきこと、あるいはイノベーションが起こらなければならない。

ベーデカーの前にも、旅行者用ガイドブックはあった。だが、それらは、教会や風物など文化的な情報に限られていた。イギリス貴族の旅行者は、実務的な日常の些事、ホテルや馬車の料金、チップなどは同行の執事に任せていた。しかし、新しく現われた中流階級には執事がいなかった。この事実が、ベーデカーにとって機会となった。しかもベーデカーが、観光客が必要とする情報が何であるかを知り、それらの情報の入手方法や編集のスタイルを完成させたあとでは、誰も同じ投資をする気にはなれなかった。彼の編集スタイルは、今日でも多くのガイドブックに引き継がれている。

このように、専門技術による起業家戦略は、何らかの発展の初期の段階で使わなければならない。たとえばアメリカでは、すでに長年にわたって、航空機用プロペラを製造するメーカーは二社しかない。いずれも第一次大戦前に設立されている。

専門技術によるニッチ市場が、偶然見つかることはあまりない。イノベーションの機会を体系的に探すことによって、初めて見つけられる。起業家は、支配的地位を得られそうな専門技術が開発できる分野を探す。

ボッシュは、生まれたばかりの自動車産業について研究した。アメリカーのプロペラ・メーカーとして歴史のあるハミルトン・プロペラは、創業者が創設期の航空機産業を体系的に調べて設立した。ベーデカーは、新しいタイプの観光客を対象とするいくつかの事業を試みたあと、自らの名を高めることになったガイドブックをつくった。

したがって、この戦略の条件として第一にいえることは、新しい産業、市場、傾向が現われたならば、できるだけ早く、専門技術による機会を体系的に探さなければならないということである。そのための専門技術を開発する時間が必要だからである。

第二にいえることは、独自かつ異質の技術をもたなければならないということである。

初期の自動車メーカーは、機械の専門家だった。機械や金属やエンジンについては熟知していたが、電気については素人だった。必要とされたのは、彼らが保有せず、習得の道も知らない知識だった。

ベーデカーの時代にも出版社はあった。だが、膨大な量の細かな情報を現場で集め、確認し、旅行記者を手配しなければならないガイドブックの編集は、彼らの守備範囲ではなかった。

第三にいえることは、専門技術戦略によってニッチ確保に成功した企業は、たえずその技術の向上に努めなければならないということである。つねに一歩先んじなければならない。まさに、自らの手によって、自らを陳腐化していかなければならない。

専門技術戦略には厳しい限界もある。その第一は、焦点を絞らざるをえないことである。自らの支配的地位を維持していくには、自らの狭い領域、専門分野だけを見ていかなければならない。

第二は、ほかの者に依存しなければならないということである。彼らの製品やサービスは部分品である。自動車の電気系統の部品メーカーにとって、消費者が彼らの存在を知らないことは強みであるが、弱みでもある。

第三は、もっとも大きな危険として、ときに専門技術が専門技術でなくなり、一般化してしまうことである。

専門技術戦略によって得られるニッチ市場には、ほかのあらゆる生態学的なニッチと同じように、時間的にも領域的にも限界がある。生物学によれば、そのような地位を占有する「種」は、外部環境のわずかな変化にも適応できない。これは、専門技術の「種」についてもいえる。しかし、そのような限界の枠内では、専門技術による地位はきわめて有利である。急速に成長しつつある技術、産業、市場では、もっとも有効な戦略である。

一九二〇年に存在していた自動車メーカーのうち、今日も存在しているものはほとんどない。これに対し、電気系統の部品メーカーの多くは生きながらえている。専門技術による地位は、適切に維持するならば、競争の脅威を避けることができる。自動車のユーザーも、ヘッドライトやブレーキのメーカーを気にかけない。

ベーデカーという名がガイドブックと同義になったあとでは、新規参入者がやってくる兆しはなかった。

このように、新しい技術、産業、市場においては、専門技術戦略は、機会とリスクの比がもっとも有利になる。

専門市場戦略――ニッチ戦略③

専門技術戦略が、製品やサービスについての専門知識を中心に構築されるのに対し、専門市場戦略は、市場についての専門知識を中心に構築される。他の点については、両者はほとんど同じである。

業務用オーブンの過半は、北イングランドとデンマークにある二つの中堅メーカーが供給している。業務用オーブンは、特に技術的にむずかしいところはない。これら二社のメーカーと同じオーブンをつくれるメーカーは無数にある。しかし、この二社は市場を知っている。世界中のおもなベーカリーを知っており、ベーカリーのほうも、この二社を知っている。そして、この二社が市場を満足させているかぎり、彼らと競争したいと思わせるほど市場は大きくなく、魅力的でもない。

世界のトラベラーズチェックは、ヨーロッパのトーマス・クックと、アメリカのアメリカン・エキスプレスという二つの旅行代理店が、事実上独占していた。それは第二次大戦後、旅行の大衆化が進むまでは、特殊な市場だった。両社は、購入者がトラベラーズチェックを現金化するまでの間、ときには何か月も現金を預かり、金利を得、大きな利益をあげた。市場は、他の者の参入意欲をそそるほど大きくはなかった。しかも、世界的なネットワークが必要だった。両社は、旅行代理店としてネットワークをもっていた。ほかにそのようなネットワークをもつ企業はなかった。

専門市場は、「この変化には、ニッチ市場をもたらすいかなる機会があるか。他に先がけて、それを手に入れるには何をなすべきか」を、徹底的に問うことによって手にできる。

トラベラーズチェックそのものは、さして大きな発明ではない。信用状の一種にすぎない。何百年も前から存在する。誰に対してでも発行すること、紙幣のように何種類かの金種に分けること、世界中で現金化できるようにすることだけが新しかった。こうしてトラベラーズチェックは、現金をもち歩きたくはないが、信用状を発行してくれる銀行はもっていないという旅行者にとって、大きな魅力となった。

業務用オーブンにも、何か特別な機能があるわけではなかった。前述の二社が行ったことは、クッキーやクラッカーが、家庭ではなく工場で焼かれるようになったという変化を認識しただけだった。彼らのオーブンは、技術ではなく市場を基盤としていた。技術のほうは、誰でも手に入れることができた。

専門市場の地位にも、専門技術の地位と同じように厳しい条件が伴う。すなわち、第一に、新しい傾向、産業、市場について、つねに体系的に分析を行っていかなければならない。第二に、トラベラーズチェックの例のような小さな工夫にすぎなくとも、とにかく何らかのイノベーションを加えなければならない。第三に、手に入れた地位を維持するには、製品とサービスの向上、特にサービスの向上のために、休まず働かなければならない。

専門市場の地位にも、専門技術の地位と同じように限界がある。専門市場の地位にある者にとって、最大の敵は、自らの成功である。専門市場が、大衆市場になることである。

今日、トラベラーズチェックは日常品となり、競争の激しい世界になっている。旅行が大衆市場となったためである。

ここに香水の例がある。近代的な香水産業を生み出したフランスのコティは、第一次大戦後、化粧に対する世の中の考えが変わったことを認識した。それまではごく一部の女性しか使わなかった化粧品が、まともなものとして受け入れられるようになった。コティは、一九二〇年代の半ば、欧米の双方で、ほとんど独占的な地位を築いた。一九二九年ごろまでに、化粧品市場は、中流階級以上の女性たちの専門市場となった。

ところが大恐慌のさなかに、この化粧品市場が、専門店で売られる高価格の高級ブランド市場と、スーパーやドラッグストアで売られる低価格の大衆ブランド市場に分化した。数年を経ずして、コティが支配していた専門市場がなくなった。コティは、高級ブランドの道を選ぶか、大衆ブランドの道を選ぶかを決定できなかった。もはや存在しない市場にとどまろうとした。その後、同社は漂流を続けた。

効用戦略——顧客創造戦略①

これまで述べてきた起業家戦略は、いずれもイノベーションの導入の仕方が戦略だった。次に述べる戦略は、イノベーション自体が戦略である。製品なりサービスはむかしからあるものでよい。そのむかしからある製品やサービスを、新しい何かに変える。効用や価値、あるいは経済的な特性を変化させる。物理的にはいかなる変化も起こさなくてよい。しかし、経済的にはまったく新しい価値を創造する。

それらの起業家戦略には、一つの共通項がある。いずれも顧客を創造する。顧客の創造こそ、つねに事業が目的とするものである。さらには、あらゆる経済活動が究極の目的とするものである。この顧客創造戦略には、効用戦略、価格戦略、事情戦略、価値戦略の四つがある。

効用戦略では、価格はほとんど関係ない。顧客が目的を達成するうえで必要なサービスを提供する。顧客にとって「真のサービスは何か」「真の効用は何か」を追求する。

アメリカの花嫁は、結婚祝いに磁器を欲しがる。贈る側としては、一揃いでは高すぎる。何か一つを選ぶにしても、何が欲しいかわからない。そこで磁器以外のものにしてしまう。つまり、磁器の需要はあったが、顧客にとっての効用に結びついていなかった。

中堅食器メーカーのレノックス・チャイナは、これをイノベーションの機会としてとらえた。むかしの習慣である「花嫁目録」を使って、食器の注文を受けた。花嫁は、小売店を選び、欲しいセットと、お祝いをくれそうな人たちの名前を伝えておく。小売店は、それらの人たちに「いくらぐらいのものがよろしいですか」「それではコーヒーカップ二つでいかがでしょう」「もうコーヒーカップは揃いましたので、デザート用のお皿がよろしいようです」と勧める。花嫁は満足し、贈り主も満足し、レノックス・チャイナは大いに満足する。

価格戦略――顧客創造戦略②

長年の間、世界でもっとも有名なアメリカ人の顔は、かみそりの刃の箱を飾っているキング・ジレットだった。毎朝、世界中の何百万という男たちがジレットのかみそりの刃を使った。安全かみそりを発明したのはジレットではなかった。安全かみそりについては、一九世紀末の一〇年間に、数十にのぼる特許が認められていた。

ジレットのものが、特に優れているわけではなかった。生産コストは、むしろ高かった。しかし、ジレットは安全かみそりを〝売り〟はしなかった。卸値二二セント、小売値五五セントにし、生産コストの五分の一の価格をつけた。ただし、自社の刃しか使えないように、安全かみそりを設計した。刃は一枚の生産コストが一セント以下だったが、それを五セントで売った。刃は六、七回使えたので、一セント以下でひげをそることができた。それは床屋の一〇分の一以下だった。

ジレットが行ったことは、メーカーが売るものではなく消費者が買うもの、つまりひげそりそのものに値をつけることだった。消費者のほうも他社の安全かみそりを五ドルで買い、一セントか二セントで刃を買ったほうが、総額としては安上がりなことを知っていた。消費者というものは、広告代理店やラルフ・ネーダーが思っている以上に賢明である。しかし、ジレットの価格設定は、彼らにとって意味があった。彼らは、ひげそりに対して対価を払うのであって、モノに対して払うのではなかった。ジレットのかみそりとその刃は、西洋かみそりよりも安全であり、かつ近くの床屋よりもはるかに安かった。

コピー機の特許が、ハロイドというニューヨーク州ロチェスターにある無名の会社に属することになり、印刷機械の大手メーカーのものとならなかったのは、後者が市場を見出せなかったからだった。彼らの計算では、最低四〇〇〇ドルで売らなければならなかった。カーボン紙がただ同然のときに、コピー機にそれだけの金を払う者がいるはずがなかった。四〇〇〇ドルを支出するには、投資に対する見返りを説明する計算書と、役員会用の支出承認申請書という、秘書用の事務機には不相応の書類を必要とした。

ハロイド、すなわち今日のゼロックスは、特許を買い取ったコピー機に大幅に手を加えた。最大のイノベーションは、価格設定の仕方にあった。コピー機を売りはしなかった。コピー機が生み出すもの、コピーを売った。コピーが一枚当たり五セントや一〇セントならば、支出承認申請書など必要ない。雑費として秘書が支出できる。コピー機の価格をコピー一枚五セントとして設定したことが、イノベーションとなった。

供給者のほとんどが、戦略として価格設定をとらえようとしない。価格設定の仕方によって、顧客は、供給者が生産するものではなく自分たちが買うもの、すなわち一回のひげそり、一枚のコピーに対し対価を払うようになる。総額として払う額はさして変わらない。支払いの方法を、消費者のニーズと事情に合わせればよい。消費者が実際に買うものに合わせるだけのことである。供給者にとってのコストではなく、顧客にとっての価値に対し価格を設定すればよい。

事情戦略——顧客創造戦略③

大型蒸気タービン市場におけるGEのリーダーとしての地位は、第一次大戦前、顧客の事情を徹底的に検討することによってもたらされた。それまでのピストンエンジンに代わって、発電用として登場した蒸気タービンは、高度のエンジニアリングを必要とする複雑な装置だった。調達した電力会社ではメンテナンスできなかった。技術的な支援が必要だった。メーカー側がメンテナンスのための大きな支援チームを組織しなければならなかった。

しかし、電力会社はメンテナンスに金を払えなかった。アメリカの法律では、電力会社が大きな支出をするには、州の公益事業委員会の許可が必要だった。各州の公益事業委員会は、そのような仕事は電力会社自らが行うべきであるとした。したがって、ＧＥはメンテナンス費用を請求できなかった。公益事業委員会が認めなかった。

ところが、蒸気タービンのブレードは、五年から七年で替えなければならなかった。しかも、蒸気タービンのメーカーから調達しなければならなかった。そこで、ＧＥは発電所向けの世界一のメンテナンス部門をつくった。ただしメンテナンス部ではなく、関連機器販売部と名づけた。このメンテナンス部門は、電力会社に対するサービスの代金を請求しなかった。蒸気タービンそのものの価格も、競争相手より高くはしなかった。単にメンテナンス部門のコストと利益を、交換用ブレードの価格に上乗せした。一〇年を経ずして、他のメーカーもこのシステムを理解し真似た。だがそのころには、すでにＧＥが世界市場においてトップの地位を占めていた。

一八四〇年代、顧客の事情に対応するという同じ考え方が、分割払いなるものを生み出した。

サイラス・マコーミックは、収穫機を発明した大勢のひとりにすぎなかった。需要があることは確かだったが、ほかのメーカー同様、製品を売ることができなかった。農民に購買力がなかった。収穫機の代金が二、三年で回収できることは、誰にもわかっていた。だが当時、農機具代を農民に貸す銀行はなかった。そこで、マコーミックは三年分割払いで売ることにした。その結果、農民は彼の収穫機を買えるようになった。そして、買った。

メーカーは合理的に行動しない顧客についてこぼす。しかし、合理的に行動しない顧客などいない。

むかしからいわれるように、いるのは不精なメーカーだけである。顧客は合理的に行動する。単に、顧客の事情がメーカーの事情と違うだけである。

価値戦略——顧客創造戦略④

顧客創造戦略としての価値戦略は、メーカーにとっての製品ではなく、顧客にとっての価値を提供する。この戦略は、顧客の事情を、顧客のニーズの一部として受け入れるという前述の戦略の延長線上にある。

アメリカ中西部のある中堅企業は、ハイウェイ建設用ブルドーザー、露天掘りの表層土除去用重機械、炭坑の石炭運送用大型トラックなどに使う潤滑油の市場の半分以上を支配している。この潤滑油メーカーは、あらゆる種類の潤滑油を取り揃える大手石油会社と競争関係にある。このメーカーが成功しているのは、潤滑油を売ることによってではない。その代わりに、一種の保険を売っている。

土木業者にとっての価値は、潤滑油そのものではない。機械の稼動時間である。大型機械が動かなくなるために失われる時間は、潤滑油の年間費用をはるかに上回る損失をもたらす。そもそも請負契約が、工期を正確に算定し寸刻を惜しむことを前提にしている。ペナルティは厳しい。その潤滑油メーカーは、そのような土木業者のために、機械のメンテナンスを分析する。次に、年間のメンテナンス計画と費用を示し、潤滑油を原因とする年間稼動時間の損失を一定時間内に抑えることを保証する。もちろん、自社の潤滑油の使用を前提とする。土木業者は潤滑油を買うのではない。稼動時間という、彼らにとってもっとも大きな価値を買うのである。

これらの例は、当たり前のことに思われるかもしれない。多少なりとも頭を使えば、誰でも同じ戦略を考えるのではないか。理論経済学の父デイヴィッド・リカードは、「利益は、賢さの違いからではなく、愚かさの違いから生まれる」と言った。まさに起業家は、自らが賢いからではなく、ほかの者が何も考えないから成果をあげる。わかりきったことであるがゆえに、成果をあげる。

それではなぜ、これらの例が示すように、顧客が何を買うかを考える者は必ず勝てるにもかかわらず、それが稀にしか見られないのか。競って考えるということをしないのは、なぜか。

理由の一つは、経済学とその価値論にある。たしかにあらゆる経済学が、顧客は、製品ではなく製品が提供するものを購入するという。ところがそのあと、経済学は、製品の価格以外のこと、すなわち顧客が製品やサービスの所有や占有のために支払う価格以外のことについては、いっさい言及しない。製品が顧客に提供するものについては、二度と触れない。

不幸なことに、製品やサービスの供給者は、この経済学に従う。たしかに「製品Aの生産コストはXドルである」ということには意味がある。「生産コストをカバーし、かつ資本コストをカバーして適切な利益を計上するには、Yドルを得なければならない」ということにも意味がある。しかし、「したがって、顧客は製品Aに対し、現金Yドルを支払わなければならない」ということにはならない。

正しい言い方は、「顧客が製品に対して支払うものは、われわれにYドルをもたらさなければならない。しかし、顧客がどれだけ支払うかは顧客次第である。製品が顧客のためにできること次第である。顧客の事情に合うもの次第である。顧客が価値とするもの次第である」でなければならない。単なる価格を超えたものとしての価値が必要である。価値の概念が必要である。

読者の多くは、「それはマーケティングの初歩にすぎない」と言うかもしれない。そのとおりである。マーケティングの初歩以外の何ものでもない。顧客にとっての効用、顧客にとっての価格、顧客にとっての事情、顧客にとっての価値からスタートすることは、マーケティングのすべてである。四〇年間もマーケティングが説かれ、教えられ、信奉されながら、それを実行する者があまりに少ない理由は、私にも説明できない。

しかし、起業家戦略の基礎としてマーケティングを行う者だけが、市場におけるリーダーシップを、ただちに、しかもほとんどリスクなしに手に入れているという事実は残る。

付章　イノベーションか、廃業か——金融サービス業の岐路

なぜシティは再興できたか

この四〇年間におけるロンドンの金融街シティの再興は、シリコンバレーの興隆に比肩するできごとだった。シティは今日、ナポレオンがワーテルローの戦いで敗れてから第一次大戦にいたる一〇〇年間ほどの影響力や重要度は、取り戻していない。しかし、インターバンク市場を通じ、世界の銀行システムにおいて中央銀行の役割を果たしている。世界一の外為市場でもある。ブリッジローンや企業買収融資などの中期融資についても、資金こそおもにアメリカで調達しているが、そのための複雑なスキームはシティでまとめている。社債引き受けなど長期融資についても、シティを上回るのはニューヨーク市場だけである。

このシティの再興は、一九六〇年には到底想像できないものだった。それまでの五〇年にわたる凋落を見た後では、シティ内部の者さえ、シティが再び意味ある存在になることはないと思っていた。

シティの再興は、ケネディ政権時代にアメリカで起こった二つのことが契機となった。キューバのミサイル危機のとき、ソ連の国立銀行が資産凍結を回避するため、保有外貨をドルのままシティに移した。これが、ロンドンに置かれたドル、つまりユーロダラーの誕生だった。そのすぐ後、愚かにもアメリカ政府が、海外への支払い利息に対し懲罰的な税を課すことによって、ニューヨークの外債市

場を破壊した。こうして、ロンドンで発行されながらドル建てであるというユーロ債が誕生した。

もちろんこれら二つのできごとは、世界の金融サービス業に機会をもたらしたにすぎなかった。その機会をつかんだのが、S・G・ウォーバーグをはじめとするシティの金融サービス機関だった。実は、一九三〇年代に二人のドイツ人によってロンドンに創設されたS・G・ウォーバーグは、早くも一九五九年に企業買収融資を手がけていた。それまでの七五年間、そのような起業家的な金融サービスは、一八八〇年代にJ・P・モルガンが手がけて以降、アメリカの金融サービス機関の独壇場だった。

とはいえ、世界の金融センターとしてのシティ再興の鍵は、世界中の金融サービス機関の本拠地としての役割の復活にあった。


一九世紀のシティの繁栄は、ドイツから来たネイザン・ロスチャイルドの貢献によってもたらされた。ナポレオンが敗れた後、ロスチャイルドは、長期債券をロンドンで引き受け、発行し、販売することによって、ヨーロッパ諸国と南米の新興独立国への融資のための資本市場をつくり出した。シティにやってきたのは、ロスチャイルドだけではなかった。同じくドイツからシュローダー、ノルウェーからハンブロス、フランスからラザール、アメリカからJ・P・モルガンがやってきた。彼らはロンドンに現地法人をつくり、国籍をとる者も多かった。そして、地場のマーチャントバンカーとともに、シティを世界の金融センターにつくりあげた。

彼らがロンドンを選んだのは、イギリスが世界一の貿易国だからという理由だけでなく、ロスチャイルドの働きによって、シティが金融サービス業の情報センターになりつつあったからだった。ヨーロッパ各地の金融中心地で活躍していたロスチャイルド家の五人の兄弟は、イントラネットの原型ともいうべき伝書鳩によって結ばれ、ロンドンにいるネイザンをCEOとするグループ企業として活動していた。

その後の長期低迷期にあっても、シティは、ビジネス、金融、経済の知識の集積地であり続けた。一九六〇年代、七〇年代に世界の金融サービス機関を再びロンドンに引きつけたものも、この知識の集積地としてのシティの魅力だった。それらロンドンに置かれた金融サービス機関は、組織的には、アメリカ、スイス、オランダ、ドイツの親会社の完全子会社、あるいは支店だった。しかし経済的には、れっきとした本部として活動した。ゴールドマン・サックスやシティバンクでさえ、ニューヨークはアメリカ国内の営業拠点であって、ロンドンが国際業務の指令塔になっていた。

金融サービス業は生まれ変わった

しかも四〇年前に始まったシティの再興は、世界の金融サービス業にとっては、その後の成長の幕開きにすぎなかった。役者の名前は古くとも、金融サービス業は新しい産業に生まれ変わった。ゴールドマン・サックスにしても、今日のそれは、一〇〇年前、八〇年前、五〇年前とはまったく違う。J・P・モルガン、メリルリンチ、ファーストボストン、シティバンク、GEキャピタルいずれもしかりである。一九五〇年当時は、いずれも国内産業の一つにすぎなかった。

私がアメリカに来た一九三〇年代の半ば、ニューヨークの銀行のうち、国際業務を担当するポストをもっていたのは、今日では姿を消したマニュファクチャラーズとギャランティトラストの二行だけだった。そのポストは、輸出者に信用状を出し、輸入者に外貨を売ることしか行っていなかった。国境の先のことは、それぞれの国の提携銀行に任せていた。
ドイツ銀行やシティバンクの前身の海外支店にしても、あくまでも自国企業にサービスするためのものだった。シティバンクの前身の南米の支店長は、一九五〇年代の初め、「支店の仕事は、アメリカンエキスプレスがアメリカ人旅行者にしていることを、アメリカ企業にしてやることだ」と私にいっていた。

今日では、これら金融サービス機関のすべてが、グローバル企業になっている。世界中に進出している。しかも、海外拠点のそれぞれが独自に活動している。主たる業務は、もはや母国の顧客へのサービスではない。進出先国において、国内業務と国際業務の両方をこなしている。

新たなイノベーションが急務

金融サービス業の業務の内容は大きく変わった。もはや一九五〇年当時の商業銀行、投資銀行、証券会社ではない。もちろん、むかしからの業務も行っている。だが、主たる業務ではない。今日の業務のほとんどは、かつては存在しなかったものである。M&A（合併・買収）の仲介と資金手当、リース、海外進出融資などである。さらには、通貨ビジネスである。これらの業務は、六〇年代のシティ再生と軌を一にし、かつシティを中心に発展した。七〇年代には、世界中の金融サービス業に共通の業務になっていた。

しかしいまや、これらの発展にもかかわらず、むしろこれらの発展のゆえに、金融サービス業が二一世紀において繁栄を続けるためには、新たなイノベーションが不可欠となっている。もはや、シティの再興をもたらしたユーロダラーやユーロ債で、金融サービス業の成長を支えることはできない。

それらのものは、四〇年前はイノベーションだったが、今日ではもはや利益のあがらない市況品にすぎない。

あらゆる取引において、競合する金融サービス機関が多くなった。契約をとれれば、多大な出費があっても利益を手にできる。しかし、多くは出費しただけに終わる。こうして、もはや金融サービス業は、取引先からの手数料ではやっていけなくなっている。このことは、アメリカ、ドイツ、オランダ、スイス、いずれの金融サービス業についてもいえる。いまや収入源としては、株式、債券、デリバティブ、通貨、商品取引などの自己勘定取引に頼らざるをえなくなっている。

もちろん、いかなる金融サービス機関といえども、なにがしかの自己勘定取引は必要である。金融サービス業にとっては、自己資金の運用と、債権債務のずれに伴うリスクの回避に必要な日常業務である。そのうえ、ある程度までは、市場についての情報を武器に、リスクを避けつつ利益をあげることができる。ところがそれが、あまりに大規模になると、日常業務ではなく、ギャンブルとなる。いかに立ち回っても、確率の法則に従うことになり、利益はあがらなくなる。ときには大きく損をすることになる。

これは、すでに大手の金融サービス機関に起こっていることである。彼らのほとんどが、大きな売買損を報道されたことがある。現に倒産もしている。世界でもっとも歴史のあるロンドンの名門金融サービス機関、ベアリングズ社がその典型である。今日ではオランダの金融グループに吸収されている。同じく世界の名門金融サービス機関バンカーズトラストも、ドイツ銀行に身売りしている。日本の金融サービス機関のいくつかは、政府の救済策によってかろうじて命脈を保っている。その日本でも、四大証券の一つ、山一證券だけは救済しきれなかった。

巨額の売買損が発生するたびに、トップマネジメントは、そのような投機が行われていることは知らず、内規違反だったと釈明する。しかし、偶々の事件というものは、そう起こるものではない。これほど起こっているものを例外的な事件として扱うことはできない。システムに関わる問題として見なければならない。そのうえ、それらの事件に共通することとして、自己勘定取引が利益をあげている間、あるいは利益をあげているように見せかけている間、トップマネジメントが別の見方をしていた節がある。損失が大きくなり隠しきれなくなるまでは、いずれの金融サービス機関でも、それらの取引を行っていたトレーダーをやり手として厚遇していた。

いかなる産業といえども、外の世界、すなわち顧客にサービスを提供することなしには、繁栄どころか生き延びることもできない。しかるに、自己勘定取引に頼る金融サービス機関にとっては、顧客は、同じように自己勘定取引をしている他の金融サービス機関である。ということは、一社の利益は他社の損失というゼロサムゲームだということであり、やがては、いずれの経費も賄うことができなくなる宿命にあるということである。

誰の目にも見えるものとして、今日の金融サービス業に残されている成長分野は一つしかない。日本市場である。日本の金融システムは、一九五〇年以前の完全に時代遅れなままにある。その日本が、最新の金融サービスを提供する外資系金融サービス機関の国内における活動を認め始めた。

すでに日本で活動を始めたアメリカ、イギリス、ドイツ、フランスの金融サービス機関のいくつかは、大きな成功を収め、リーダー的な地位を占めるにいたっている。たとえば、東京の外為市場で主役を務めつつある。年金基金や生損保の海外投資を手がけているものもある。年金基金の運用を許される日も近い。メリルリンチにいたっては、山一からの営業譲渡のおかげで、早くも個人投資家と機関投資家の双方を顧客にしている。

だが今日のままでは、世界の金融サービス業にとっては、日本が最後の活躍の舞台となる。量的には、今後数年、ヨーロッパやアジアの産業再編にあわせて資金需要が生ずる。しかし、高収益は見込めない。

今日金融サービス業が手にする商品は、はるかむかしに市場に出たものばかりであって、熟知した金融サービス機関や専門家が溢れている。金融サービス機関の差別化は困難になっている。顧客もそれを知っており、有利な条件を求めてやまない。

三〇年間の空白

金融サービス業の苦況の原因は明らかである。金融サービス業は、実に三〇年にわたって、いかなるイノベーションも行ってこなかった。

一九五〇年から七〇年までの二〇年間には、次から次へとイノベーションが行われていた。ユーロ・ドルでありユーロ債だった。一九五〇年には、近代年金基金のモデルとしてGMの年金基金が生まれた。続いて企業年金基金ブームが起こった。同時に、当時とるにたりない存在だった投資信託基金が中核的な機関投資家へと成長した。その数年後には、それらの機関投資家向けの初めての証券会社ドナルドソン・ラフキン・アンド・ジェンレットが生まれた。ほぼ同じころ、フェリックス・ロハティン（現駐仏アメリカ大使）が、M&A特に敵対的買収向けの融資を始めた。

六〇年代には、今日では先進国で通貨同様の存在になっているクレジットカードが生まれた。商業銀行が、企業融資のほとんどを新手の金融サービス機関に奪われながら、生き長らえているのは、このクレジットカードのおかげである。

さらには一九六七年、ウォルター・リストンが、シティバンクのトップに就任した直後に二つのイノベーションを行った。第一に、海外支店をもつアメリカの銀行を、世界各地に本拠を置くグローバル銀行に変身させた。第二に、「銀行の事業は、金ではなく情報である」として、金融サービス業の事業の定義を変えた。

しかるに、その後の三〇年間、金融サービス業で行われたイノベーションは、科学的と称するデリバティブだけである。しかも、それは顧客へのサービスのためのものではない。金融サービス業自らが行う投機の利益を大きくし、リスクを小さくしようとするものに他ならなかった。リスクの法則に反し、どう細工してもうまくいくはずのないものだった。すでに金融サービス業のギャンブラーたちにも明らかなように、モンテカルロやラスベガスでの必勝法以上の代物ではありえなかった。

この三〇年間に見られたものといえば、このデリバティブのほかには、すでにうまくいっているものを、さらに少々うまくいくようにするための小さな改善がいくつか見られただけである。その結果、金融サービス業の商品は、今日すべて市況商品同様となり、経費ばかりかかって利益のあがらないものとなってしまった。


そのようなことは、経済理論からも、経験からも明らかなはずだった。金融サービス業の今日までの軌跡は、イノベーションについての二つの古典理論、フランスの経済学者J・B・セイの『政治経済理論』（一八〇三年）と、オーストリア生まれのアメリカ人、ジョセフ・シュンペーターの『経済発展理論』（一九一二年）の説くものの典型的ケースである。

セイは、産業革命時に蒸気機関とジェニー紡績機を使った無数の綿紡績工場が、なぜ利益をあげたかを明らかにした。発明が膨大な需要を生み出し、参入者が増えるほど、かえって利益が大きくなることを明らかにした。その一〇〇年後、今度はシュンペーターが、創業者利益に引かれて参入者があまりに多くなるため、そのような期間は長続きしないことを明らかにした。たとえ需要はあっても、高収益製品ではなくなるからである。

とるべき道は三つしかない

今日、金融サービス業には三つの道しかない。もっともやさしく、もっとも選ばれる確率の高い道が、これまでうまくいってきたものを続けることである。すなわち、衰退への道である。産業としては生き続けるかもしれない。今日でも綿紡績工場はたくさんある。だが、いかに懸命に働こうとも、下り坂を進むことは間違いない。

第二の道は、イノベーションを行う他の産業からの新規参入者、シュンペーターのいわゆる創造的破壊者に取って代わられることである。それは、かつてシティで起こったことである。一九五〇年代から六〇年代にかけて活躍していたイギリスの金融サービス機関のうち、今日もイギリス資本であるのは、ロスチャイルドとシュローダーだけである。あとはすべて、アメリカ、オランダ、スイス、ドイツ、フランスの金融サービス機関の完全子会社になっている。

実は、今日の金融サービス業には、第一の道さえ残されていない。世界は、社会的、経済的、技術的、政治的に激変を続けており、巨大産業がその渦から無縁であることはできない。そのうえ、病める巨人、特に本来行うべき正統なビジネスよりも自己勘定取引に精を出している既存の金融サービス機関からビジネスを奪うことによって得られる金は、あまりに巨額である。何らかのイノベーションを手にするならば、外部のものが金融サービス業に参入することは、今日ではインターネットやｅコマースの助けもあって、きわめて容易である。したがって、イノベーションを行う外部からの新規参入者によって買収されていくという第二の道こそ、大いにありうる道である。

しかし、第三の道もないわけではない。それは、今日の金融サービス業自らがイノベーションを行い、自らに対する創造的破壊者になることである。

新しい金融サービスは可能か

金融サービス業を高収益のものにする機会はいくらもある。ある商品などは、きわめて高収益、きわめて容易であって、イノベーションを必要としない。働きさえすればよい。それは、人口構造の変化を機会とする事業である。すなわち、先進国と新興国で急速に増大しつつある豊かな中高年中流階層のニーズに応えることである。彼らは、いわゆる金持ちではない。そのため、むかしながらの金融サービス業にとっての上客ではない。その投資額は、せいぜい年間三万ドルから五万ドルである。一人当たりでは大したことはない。しかし全体としては、世界の石油成金、インドネシアのラジャ、ソフトウェア長者などのスーパーリッチの資産全部を合わせたものをはるかにしのぐ。

この市場は、三〇年前、セントルイスの無名の証券会社、エドワード・ジョーンズによって開発された。ジョーンズは、中小企業のオーナー、マネジメント、自由業など中流階級の個人投資家に的を絞り、彼ら向けの金融商品だけを扱うことにした。その結果、ずっと高収益をあげ、今日では全国規模にまで成長している。

数年前にはイギリスに進出し、ロンドン近郊のいくつかの町に店を構え、この市場がアメリカだけのものでないことを証明している。まったく新しい事業、商品、顧客を手がける新規参入者でありながら、進出するや大きな成功を収めている。

中高年中流階層とは、今日先進国と新興国でもっとも急速に増大しつつある層である。アメリカ、ヨーロッパ、中南米、日本、韓国、さらには中国の新都市部など、世界人口の半分近くを占める地域において、もっとも急速に増大しつつある層である。

しかもこの市場は、史上初の金融マス商品だった生命保険の後を継ぐ商品の舞台ともなりうる。生命保険は、一八世紀、一九世紀における最大のリスクたる早死をカバーすることによって、一九一四年までの一五〇年間、世界中いたるところにおいて、高収益産業として成長し、最大の金融サービス業となった。いまや、今日最大のリスクたる長命をカバーすることが、二一世紀の新商品として高収益の大産業になっておかしくない。

行いうるイノベーションの例は、他にもある。いずれもまだ、誰も、本格的には事業化していないものである。それは、中小企業の財務管理の受託サービスである。先進国、新興国のいずれの経済においても、中小企業が大きな役割を果たしている。製品、技術、マーケティング、顧客サービスについては、十分な能力をもっている。しかし、中小企業の多く、あるいはそのほとんどが、財務管理を十分に行える規模に達していない。資金の生産性はおそろしいほど低く、手元のキャッシュはあまりに多く、あるいは少なかったりする。

今日ではデータ処理、情報システム、庶務、定常的人事、さらには研究開発、製品開発についてまで、外注している中小企業が増えている。資金のマネジメントについても、外注する日は遠くない。EVA（経済価値分析）、キャッシュフロー予測、キャッシュフロー・マネジメントなど、そのための手法は開発されている。中小企業の財務管理で重要なことも明らかになっている。問題の種類もさほど多くはなく、商業銀行ならばお手のものである。この財務管理サービスがもたらす報酬はきわめて大きなものとなるはずである。受託料だけでなく、それらの企業の資金需要の証券化、たとえば前述の中高年中流投資家向けの魅力ある金融商品への商品化でも利益をあげられる。

可能性のある金融サービスとしては、急激な為替変動による致命的な損失を回避するための金融サービス、すなわち通貨変動に伴うリスクを日常の経費に転化するという金融商品もある。保険料は取り扱い通貨の三%から五%というところになろう。ここでも、保険数理、リスクマネジメント、通貨価値についての経済学とデータなど、必要な知識のほとんどがすでに明らかになっている。

今日の混沌たるグローバル経済に突然巻き込まれた膨大な数の世界中の中小企業が、そのような保険を痛切に必要としている。今日、たとえ辛うじてであっても、そのようなリスクから自分の身を守ることができているのは、巨大企業だけである。その他の企業にとっては、身を守ることのできるのは、リスクを確率に転化することによってだけである。そしてここにおいても、金融サービス業は、その保険をカバーするための自らの通貨ポートフォリオを証券化し、前述の新たな金融マーケット向けの金融商品とすることができる。

これらは、中高年中流階層の市場向けサービスは別として、可能性のあるイノベーションをいくつか列挙したものである。しかし、何者かがそれらのイノベーションを金融商品として開発することに成功するならば、既存の金融サービス業は甚大な影響を受けることになる。中小企業の財務管理のアウトソーシングは、GEキャピタルなど既存の金融サービス業がもっている高収益事業のかなりの部分を、事実上一夜にして一掃することになる。急激な為替変動のリスクに備える保険は、現在の金融サービス業が行っている通貨の自己勘定取引や、デリバティブによる投機は言わずもがな、正常な外為ビジネスのほとんどを陳腐化させる。

既存の金融サービス業は、最近になってようやく、二五年間も無視してきた中高年中流投資家の市場の存在と重要性を認めるようになった。たとえば、メリルリンチである。しかし、同社が成功するかどうかはまったくわからない。他の小売業と同じように、この市場で成功するには、かなりの集中が必要だからである。ところが、メリルリンチはむかしながらの金融商品を手がけたまま、この市場に取り組んでいる。

しかし、この三〇年の歴史をもつ市場への取り組み以外に、グローバル規模の大手金融サービス業が、イノベーションといえるようなものに取り組んできた例は、前述した新しい事業についてはもちろんのこと、一つもない。新しい事業には、時間をかけた集中的な取り組みが必要である。ところが、そのようなことは、今日の大手金融サービス機関が陥っているトレーダー的なメンタリティには合わない。

だが今日、どこかの誰かが、すでにこれらの新しい事業、あるいはその他何らかの新しい金融サービスについて検討していることは、大いにありうる。もしそうであるならば、既存の金融サービス業が今日汗水たらしている低収益の事業さえ、そのほとんどが消え去る運命にあるといってよい。

既存の大手金融サービス業が、再びイノベーションの担い手となるには、まだ若干は時間的な余裕がある。しかし、すでに大きく出遅れていることは確かである。

編訳者あとがき

ドラッカーを知らずして、企業、NPO、さらには政府機関さえ、マネジメントすることは考えられない。世界中の組織のあまりに多くが、ドラッカーの説くところによって成功している。同じように、ドラッカーを読まずして、マネジメントを勉強することはできない。マネジメントの理念と手法のあまりに多くが、ドラッカーに発し、ドラッカーによって発展させられている。

だがこれまでドラッカーを読むには、一つの難があった。あまりに膨大であって、どこから手をつけてよいかわからないとの声を耳にした。そこでドラッカーと彼の出版社、そして私は、「自己実現編」「マネジメント編」「社会編」からなる三部作『エッセンシャル・ドラッカー（邦題「はじめて読むドラッカー」）』をまとめることにした。一〇か国語以上で翻訳出版されることになっている。いち早く『プロフェッショナルの条件——いかに成果をあげ、成長するか』として日本で発行された第一巻「自己実現編」は、ただちにベストセラーとなった。出版社によれば、刊行して数日後には、地方ブランドからナショナルブランドへ、やがては世界ブランドへと急成長中の社員一〇〇〇人強のアパレル企業から大部の注文があったという。

本書は第二作「マネジメント編」である。ただしドラッカーのマネジメント論を網羅要約したものではない。最新の洞察を精選したものである。すでに継続の時代は去り、変化の時代の真っただ中にあるからである。しかもマネジメントのパラダイムは、変化してやまない。したがって本書は、現代という新しい多元社会における組織についての基本的な理解のもとに、変化のマネジメントに焦点を合わせている。まさにこれはチェンジ・リーダーたるためのエッセンスである。

本書はドラッカーの著作一〇点および論文一点からの抜粋である。本書によってドラッカーが発明したとされるマネジメントの世界についての最新の理解と洞察を深め、ますます加速するこの変化の時代に活躍していただければ幸いである。

本書パート1は「マネジメントとは何か」である。驚くなかれ、それはいまや一般教養である。教育ある者が、教育ある者としての役割を果たすには、マネジメントを理解し実践しなければならない。なぜならば、明日の社会は完全に知識社会であり、したがって、異なる知識をもつ者が組織との関わりのもとに、共通の使命をもって働く組織社会だからである。

その1章「マネジメントは理解されていない」は、マネジメントの歴史におけるもっとも影響力ある古典『現代の経営　*The Practice of Management*』（一九五四年）の「第1章　マネジメントの役割」および「第2章　マネジメントの仕事」からの抜粋である。これまでこのマネジメントのバイブルともいわれる本書によって、元気づけられ、導かれたという経営者、知識労働者は数知れない。2章「社会的機能および一般教養としてのマネジメント」は、ソ連の崩壊を予告したことによってあまりに有名なベストセラー『新しい現実　*The New Realities*』（一九八九年）の同名の章「第15章」からの抜粋である。

パート2は「マネジメントの課題」である。その1章「マネジメントの役割とは何か」は、マネジメントの実務家、研究者にとっての百科事典的教科書『マネジメント——課題、責任、実践

Management: Tasks, Responsibilities, Practices』（一九七三年、『抄訳マネジメント』一九七五年）の「第4章　経営者の課題」からの引用である。本章においてドラッカーは、人が生産的にいきいきと働くようにすることが、マネジメントの役割の三本柱の一つであると断定している。

2章「われわれの事業は何か」も、大部の同書「第6章　企業とは何か」「第7章　企業の目的と使命」「第8章　目標の威力と狙い――マークス・アンド・スペンサー物語」「第9章　戦略、目標、優先順位、仕事の割当」からの引用である。この2章では、マネジメントの正統性の唯一の根拠たるべき八つの目標領域を明らかにしている（後出のパート3の1章「企業の所有者が変わった」参照）。ちなみにこの八つの領域は、早くも一九五四年に、ドラッカー自身が『現代の経営』において考究しているものである。

3章「事業を定義する」は、『ハーバード・ビジネス・レビュー』誌が「思考のための無限の価値あるエネルギー源」と評した書、『未来への決断――大転換期のサバイバル・マニュアル *Managing in a Time of Great Change*』（一九九五年）の「第1章　事業の定義」からの抜粋である。なぜ最近、堂々たる名門の大組織が突然対処不能な苦境に陥るようになったかを明らかにしている。つまるところ、自らの組織について有効な「事業の定義」なくしては、何びとといえどもマネジメントはできない。4章「NPOは企業に何を教えるか」は、『未来企業――生き残る組織の条件 *Managing for the Future : The 1990s and Beyond*』（一九九二年）の「第28章　非営利組織が企業に教えるもの」からの抜粋である。今日アメリカのNPOが教えるものは、世界中の組織、特に知識組織にとって学ぶところが大きい。

これら3章と4章は、世界でもっとも影響力のあるマネジメント誌『ハーバード・ビジネス・レビュー』のそれぞれ一九九四年九月・一〇月号、一九八九年七月・八月号に初出のものであって、ドラッカーの論文を五〇年にわたって掲載してきた同誌の編集長ナン・ストーンが編纂したマネジメントについての必読書『P・F・ドラッカー経営論集——すでに始まった二一世紀』（一九九八年）に所収のものである。「NPOのマネジメントのためのピーター・F・ドラッカー財団」理事長兼CEOのフランシス・ヘッセルバインは、同書を「未来企業にとっての必携の書」と評している。

パート3は、「マネジメントの責任」である。ここには二つの章を収載しており、一方はいわゆるコーポレートガバナンス、他方は社会的責任という、いずれも今日最大の問題についてのものである。その1章「企業の所有者が変わった」は、前出の『未来企業』の「第31章　会社の統治」からの抜粋である。ここにおいてドラッカーは、ステークホルダー（利害当事者）のためのマネジメントと、シェアホルダー（株主）のためのマネジメントのいずれをも否定する。彼は、マネジメントの正統性の根拠は、仕事の成果としての富の創出能力の増大、すなわち本書パート2の2章で明らかにした組織の使命と目的から導かれる八つの領域における目標の達成以外にないとする。さらに進んで彼は、そのための第三者による事業監査の義務化の必然性を予告する。

2章「いかにして社会的責任を果たすか」は、前出の大著『マネジメント』の「第25章　社会的インパクトと社会問題」「第26章　社会的責任の限界」「第28章　知りながら害をなすな——責任の倫理」からの引用である。今日社会的責任の論議に見られるいくつかの混乱の原因を明らかにしている。

パート4は、「マネジメントの基礎知識」である。その1章「マネジメントの常識が変わった」は話題の近著『明日を支配するもの——二一世紀のマネジメント革命　*Management Challenges for the 21st Century*』（一九九九年）の「第1章　マネジメントの常識が変わる——パラダイム転換」からの引用であって、この章も、巷のマネジメント論と現実の乖離の原因を明らかにしている。2章「『道具としての情報』を使いこなす」は、前出の『未来への決断』の「第12章　エグゼクティブが必要とする情報」からの抜粋であって、読者各位が必要とする情報の全貌を明らかにする。

3章「目標と自己管理によるマネジメント」は、前出の古典『現代の経営』の同名の章「第11章」からのものである。マネジメントにおけるもっとも重要かつ不朽の手法が、ここから生まれた。不幸なことに、ややもすると「目標と自己管理によるマネジメント」のうち「自己管理」の部分が忘れられる傾向にある。自己管理抜きの目標管理では、ドラッカーの真意とは、まったく逆のものとなる。

4章「人事の原則」は、『マネジメント・フロンティア――明日の行動指針 *The Frontiers of Management : Where Tomorrow's Decisions Are Being Shaped Today*』（一九八六年）の「第13章 経営管理者の人事――その基本原則」であって、短編ではあるが、組織に関わりをもつ者全員が常識とすべき人事の原理原則を明らかにしている。5章「同族企業のマネジメント」は、前出の『未来への決断』の「第4章　同族企業経営」であって、同じく短編ではあるが、同族企業にとって必読のものである。

パート5は、いままさに緊急でありながら未知に近い領域、「起業家精神のマネジメント」についてである。その1章「予測できないことを起こす」は、『創造する経営者 *Managing for Results*』（一九六四年）の「第11章　未来を今日築く」からの抜粋である。世界で最初かつ最高の経営戦略書であって、意外なことにドラッカーにとって唯一の企業に特化した著作である。ドラッカーは本章を、「われわれは、未来について、二つのことしか知らない。第一に、未来は、知りえない。第二に、未来は、今日存在するものとも、今日予測するものとも違う」との、当然でありながらも、衝撃的な言葉で書き出している。なお本書『創造する経営者』は、今日脚光を浴びている革命的な原価計算の手法ABC会計（アクティビティ・ベイスド・コスティング）のルーツともなったものである。

2章「既存の組織がイノベーションに成功する条件」と3章「ベンチャーのマネジメント」は、あらゆる知識労働者にとって座右の書たるべき『イノベーションと起業家精神　*Innovation and Entrepreneurship*』（一九八五年）の「第13章　既存企業における起業家精神」「第15章　ベンチャー・ビジネスのマネジメント」からの抜粋である。4章「起業家がとるべき戦略」も、同書の「第16章　総力による攻撃」「第17章　弱みへの攻撃」「第18章　ニッチの占拠」「第19章　価値の創造」からの抜粋である。

そして最後が、付章「イノベーションか、廃業か――金融サービス業の岐路」であって、『ジ・エコノミスト』（一九九九年九月二五日号）掲載のものである。まさに今日、「イノベーションか、廃業か」こそ、金融サービス業に限らず、あらゆる産業についていえることである。だが、それは暗澹たるメッセージではない。起業家精神発揮の種が山ほど転がっている今日、希望にみちたメッセージである。

本書は巻末の著作三二点のうち一〇点を紹介している。変化と焦点を絞ったことと紙幅に制限があったため、たとえば、ドラッカーのGM研究の成果であり、瀕死の状態にあったフォード再建の教科書、分権化ブームの手本となったGEの組織改革のテキストともなった『会社という概念　*Concept of the Corporation*』（一九四六年）は紹介できなかった。

さらには、もし日本企業が真剣に読んでいたならば、この一〇年間の目を覆うばかりの惨状も避けられたであろう『乱気流時代の経営　*Managing in Turbulent Times*』（一九八〇年）も紹介できなかった。ドラッカーは、この『乱気流時代の経営』をこう書き出していた。「今日のマネジメントは実態を知らない。実態と思っていることの半分は錯覚である。実態は価格騰貴によって隠され歪められている」。日本では土地と株の値上がりがそれだった。世界のどこかで同じことが再び起こるのではないか、あるいはすでに起こっているのではないかと危惧される。ドラッカーから学ぶべきことはつねに多い。特に順調なとき、あるいは順調に見えるときにそういえる。

本書とともに二冊の姉妹書「自己実現編」「社会編」をお読みいただき、さらにそこから次のドラッカーをお選びいただければ幸甚である。

続いて訳者として付言させていただきたい。本書は、第一巻「自己実現編」と同様、ドラッカーの全著作よりマネジメントに関わる精髄、しかも最新のものを抜粋編纂したものであって、全文ドラッカーの筆によるものである。さらに読みやすくするためにすべて訳し直した。すでにアメリカの二社、イギリス、フランス、ドイツ、イタリア、スペイン、ブラジル、アルゼンチン、中国、韓国、台湾の出版社が版権を取得、あるいは交渉中である。いつもながら、編纂と訳出の機会をいただいたドラッカー教授、およびダイヤモンド社の御立英史さん、中嶋秀喜さんに心より謝意を表したい。

二〇〇〇年八月

上田　惇生

ピーター・F・ドラッカー著作目録（※本書引用）

一．『経済人の終わり――全体主義はなぜ生まれたか *The End of Economic Man: The Origins of Totalitarianism*』（一九三九年、日本版一九六三年、岩根忠訳、東洋経済新報社。日本版新版一九九七年、上田惇生訳、ダイヤモンド社）

二．『産業人の未来――改革の原理としての保守主義 *The Future of Industrial Man*』（一九四二年、日本版『産業にたずさわる人の未来』一九六四年、岩根忠訳、東洋経済新報社、『産業人の未来』一九六五年、田代義範訳、未来社。日本版新訳一九九八年、上田惇生訳、ダイヤモンド社）

三．『会社という概念 *Concept of the Corporation*』（一九四六年、日本版一九六六年、岩根忠訳、東洋経済新報社、『現代大企業論』一九六六年、下川浩一訳、未来社）

四．『新しい社会と新しい経営 *The New Society: The Anatomy of the Industrial Order*』（一九四九年、日本版一九五七年、現代経営研究会訳、ダイヤモンド社）

五．『現代の経営 *The Practice of Management*』（一九五四年、日本版一九五六年、現代経営研究会訳、ダイヤモンド社。日本版新訳一九九六年、上田惇生訳、ダイヤモンド社）※

六．『オートメーションと新しい社会 *America's Next Twenty Years*』（一九五七年、日本版一九五六年、中島正信・涌田宏昭訳、ダイヤモンド社）

七．『変貌する産業社会　*The Landmarks of Tomorrow*』（一九五九年、日本版一九六二年、現代経営研究会訳、ダイヤモンド社）
八．『創造する経営者　*Managing for Results*』（一九六四年、日本版一九六四年、野田一夫、村上恒夫訳、ダイヤモンド社。日本版新訳一九九五年、上田惇生訳、ダイヤモンド社）※
九．『経営者の条件　*The Effective Executive*』（一九六六年、日本版一九六六年、野田一夫、川村欣也訳、ダイヤモンド社。日本版新訳一九九五年、上田惇生訳、ダイヤモンド社）
一〇．『断絶の時代――いま起こっていることの本質　*The Age of Discontinuity*』（一九六九年、日本版一九六九年、林雄二郎訳、ダイヤモンド社。日本版新訳一九九九年、上田惇生訳、ダイヤモンド社）
一一．『*Technology, Management, and Society*』（一九七〇年）
一二．『*Men, Ideas, and Politics*』（一九七〇年）
一三．『マネジメント――課題、責任、実践　*Management: Tasks, Responsibilities, Practices*』（一九七三年、日本版一九七四年、野田一夫、村上恒夫、風間禎三郎、久野桂、佐々木実智男、上田惇生訳、ダイヤモンド社。『抄訳マネジメント』一九七五年、上田惇生訳、ダイヤモンド社）※
一四．『見えざる革命――年金が経済を支配する　*The Pension Fund Revolution*』（一九七六年、日本版一九七六年、佐々木実智男、上田惇生訳、ダイヤモンド社。日本版新訳一九九六年、上田惇生訳、ダイヤモンド社）
一五．『傍観者の時代　*Adventures of A Bystander*』（一九七九年、日本版一九七九年、風間禎三郎訳、ダイヤモンド社）
一六．『乱気流時代の経営　*Managing in Turbulent Times*』（一九八〇年、日本版一九八〇年、堤清二

監訳、久野桂、佐々木実智男、上田惇生訳、ダイヤモンド社。日本版新訳一九九六年、上田惇生訳、ダイヤモンド社）

一七．『日本　成功の代償　*Toward the Next Economics and Other Essays*』（一九八一年、日本版一九八一年、久野桂、佐々木実智男、上田惇生訳、ダイヤモンド社）

一八．『最後の四重奏　*The Last of All Possible Worlds*（小説）』（一九八二年、日本版一九八三年、風間禎三郎訳、ダイヤモンド社）

一九．『変貌する経営者の世界　*The Changing World of Executives*』（一九八三年、日本版一九八二年、久野桂、佐々木実智男、上田惇生訳、ダイヤモンド社）

二〇．『善への誘惑　*The Temptation to Do Good*（小説）』（一九八四年、日本版一九八八年、小林薫訳、ダイヤモンド社）

二一．『イノベーションと企業家精神――その原理と方法　*Innovation and Entrepreneurship*』（一九八五年、日本版一九八五年、小林宏二監訳、上田惇生、佐々木実智男訳、ダイヤモンド社。日本版新訳一九九七年、上田惇生訳、ダイヤモンド社）※

二二．『マネジメント・フロンティア――明日の行動指針　*The Frontiers of Management: Where Tomorrow's Decisions are Being Shaped Today*』（一九八六年、日本版一九八六年、上田惇生、佐々木実智男訳、ダイヤモンド社）※

二三．『新しい現実――政府と政治、経済とビジネス、社会および世界観にいま何がおこっているか　*The New Realities*』（一九八九年、日本版一九八九年、上田惇生、佐々木実智男訳、ダイヤモンド社）※

二四．『非営利組織の経営――原理と実践　*Managing the Nonprofit Organization: Principles and*

Practices』（一九九〇年、日本版一九九一年、上田惇生、田代正美訳、ダイヤモンド社）

二五．『すでに起こった未来——変化を読む眼　*The Ecological Vision: Reflections on the American Condition*』（一九九二年、日本版一九九四年、上田惇生、佐々木実智男、林正、田代正美訳、ダイヤモンド社）

二六．『未来企業——生き残る組織の条件　*Managing for the Future: The 1990s and Beyond*』（一九九二年、日本版一九九二年、上田惇生、佐々木実智男、田代正美訳、ダイヤモンド社）※

二七．『ポスト資本主義社会——二一世紀の組織と人間はどう変わるか　*Post-Capitalist Society*』（一九九三年、日本版一九九三年、上田惇生、佐々木実智男、田代正美訳、ダイヤモンド社）

二八．『未来への決断——大転換期のサバイバル・マニュアル　*Managing in a Time of Great Change*』（一九九五年、日本版一九九五年、上田惇生、佐々木実智男、林正、田代正美訳、ダイヤモンド社）※

二九．『ドラッカー・中内往復書簡——挑戦の時／創生の時　*Drucker on Asia: A Dialogue between Peter Drucker and Isao Nakauchi*』（一九九六年、日本版一九九五年、上田惇生訳、ダイヤモンド社）

三〇．『P・F・ドラッカー経営論集——すでに始まった二一世紀　*Peter Drucker on Profession of Management*』（一九九八年、日本版一九九八年、上田惇生訳、ダイヤモンド社）※

三一．『明日を支配するもの——二一世紀のマネジメント革命　*Management Challenges for the 21st Century*』（一九九九年、日本版一九九九年、上田惇生訳、ダイヤモンド社）※

三二．『はじめて読むドラッカー〔自己実現編〕〔マネジメント編〕〔社会編〕　*The Essential Drucker on Individuals: To Perform, To Contribute and To Achieve/on Management/on Society*』（二〇〇〇〜二〇〇一年、日本版二〇〇〇年、上田惇生訳、ダイヤモンド社）

[著者]

P. F. ドラッカー（Peter F. Drucker）

1909年ウィーン生まれ。フランクフルト大学卒。
ビジネス界にもっとも影響力をもつ思想家として知られた。東西冷戦の終結、転換期の到来、社会の高齢化をいち早く知らせるとともに、「分権化」「目標管理」「経営戦略」「民営化」「顧客第一」「情報化」「知識労働者」「ＡＢＣ会計」「ベンチマーキング」「コア・コンピタンス」など、おもなマネジメントの理念を生み発展させてきた。2005年11月11日、他界。
おもな著書に『企業とは何か』『現代の経営』『経営者の条件』『断絶の時代』『マネジメント』『明日を支配するもの』『ネクスト・ソサエティ』など多数ある。

[編訳者]

上田惇生（うえだ・あつお）

ものつくり大学名誉教授。元・立命館大学客員教授。1938年生まれ。ドラッカー教授の主要作品のすべてを翻訳、著書に『ドラッカー入門　新版』（共著）などがある。ドラッカー自身からもっとも親しい友人、日本での分身とされてきた。ドラッカー学会（http://drucker-ws.org）初代代表（2005-2011）、現在学術顧問（2012-）。

【ドラッカー日本公式サイト】 http://drucker.diamond.co.jp/

チェンジ・リーダーの条件
——みずから変化をつくりだせ！

2000年９月28日　第１刷発行
2023年９月１日　第33刷発行

著　者——P. F. ドラッカー
編訳者——上田惇生
発行所——ダイヤモンド社
〒150-8409　東京都渋谷区神宮前6-12-17
https://www.diamond.co.jp/
電話／03･5778･7233（編集）　03･5778･7240（販売）

カバー写真 — 伊藤愼一
装丁————重原隆
製作進行——ダイヤモンド・グラフィック社
印刷————新藤慶昌堂
製本————ブックアート
編集担当——中嶋秀喜

ISBN 4-478-30061-5